U0907312

儿童逆反心理学

珊瑚海 | 著

四川科学技术出版社

图书在版编目（CIP）数据

儿童逆反心理学 / 珊瑚海著. — 成都：四川科学技术出版社，2018.5（2019.12重印）

ISBN 978-7-5364-9068-0

Ⅰ.①儿… Ⅱ.①珊… Ⅲ.①儿童教育－家庭教育－教育心理学 Ⅳ.①G782

中国版本图书馆CIP数据核字(2018)第095049号

儿童逆反心理学

ERTONG NIFAN XINLIXUE

出品人 钱丹凝
著　者 珊瑚海
责任编辑 李　栎　戴　玲
封面设计 胡椒书衣
责任出版 欧晓春
出版发行 四川科学技术出版社
成都市槐树街2号　邮政编码 610031
官方微博：http://e.weibo.com/sckjcbs
官方微信公众号：sckjcbs
传真：028-87734039
成品尺寸 170mm × 240mm
印　张 14　　字数 200千
印　刷 大厂回族自治县彩虹印刷有限公司
版　次 2018年7月第1版
印　次 2019年12月第4次印刷
定　价 42.00元

ISBN 978-7-5364-9068-0

邮购：四川省成都市槐树街2号　邮政编码：610031
电话：028-87734035

许多父母常抱怨自己的孩子不听话：让孩子往左走，他却偏往右走；让孩子帮着拿点东西，他却偏不拿；等等。这就是我们常说的“逆反心理”，即一个人为了维护自尊，而对对方的要求采取相反的态度和言行的一种心理现象。

逆反心理作为一种特殊的心理现象，在儿童身上表现得尤为突出。逆反心理的产生是与儿童特殊的生理和心理发展紧密联系的，并且主要受父母不良教育方式、学校不良因素、同一群体不良因素等几个方面的影响。

一般来说，0～12岁的儿童处于心理成长发展和人格形成的关键时期，由于他们在心理上极不成熟，自我调节、控制水平较低，所以极易因环境等不良因素的影响而形成不健康的心理和人格特点。但是随着儿童自我意识的主观能动性逐渐增强，他们对父母的指挥和安排表现出较大的叛逆性。因此，他们常常任性，不听话，开始和父母“对着干”，主要表现为认识上的逆反，以及情绪和行为上的对抗。

比如，出门的时候动不动就撒泼、发脾气，吃饭、起床从来没有好

好合作过，卧室乱糟糟的，从来不自己收拾，跟父母顶嘴、说谎更是家常便饭。逆反的孩子总是向大人发出抗议信号，传达这样的心声：“我已经长大了”“我需要更多的自由”“我想独立成长”。

儿童的这种反对父母权威、规矩的心理让父母很是头疼。如果父母对逆反的孩子实施高压政策，则结果可能会适得其反；但如果父母总是顺从逆反的孩子，则孩子有可能会越来越任性，越来越逆反。父母应明白，正确引导有逆反心理的孩子，直接关系到孩子的心理健康。

另外，很多人误认为逆反心理是一种不健康的、消极的心理。事实上，逆反心理并不是不健康的心理，而是人适应外界环境的一种正常的心理功能。它虽然有消极的一面，但也有积极的一面。因此，父母要学会因势利导，悉心挖掘孩子逆反心理中积极的潜能，这样才有可能把孩子培养成一个优秀的人。

在生活中，父母要有效化解亲子矛盾，不能仅仅依靠爱心与耐心，还应该充分了解孩子的心理，掌握一些实用的技巧：对无理取闹的孩子应采取积极暂停法；孩子外出爱撒泼，要事先“约法三章”；给孩子足够的安全感，缓解他的逆反情绪；孩子爱说谎，要先找出原因；孩子爱顶嘴，要耐心倾听，做好沟通；孩子做作业拖延，切忌不停催促；孩子上课爱走神，可通过培养好习惯来提升他的专注力；孩子爱抢玩具，要循序渐进地纠正孩子的独占行为……想要知道更多实用的教养方法，赶快翻开本书寻找答案吧！

目录
contents

第一章　逆反心理，孩子与生俱来的天性

在许多父母眼里，孩子的逆反期就是“家难期”。其实，每个孩子都会有逆反心理，逆反不过是孩子渴望独立的信号，是希望得到认可的方式。可以说，逆反也是孩子心理的一次涅槃，以心理安全感的丧失为代价，来换取心理成熟与独立。作为父母，我们要正确对待和处理孩子的逆反心理，因为这对孩子的健康成长很重要。

逆反心理的相关知识

“逆反”是指对权威性的思想、行为准则的否定。“逆反心理”指的是人们为了维护自尊，而对对方的要求采取相反的态度和言行的一种心理状态。逆反心理表示这样的一种心理结果：支持采取一种行动，结果却说服对方采取相反的行动。由这种心理衍生出来的行为被称为“逆反行为”。

下面就介绍下逆反心理的相关知识。

1．逆反心理的三大要素

逆反心理作为一种特殊的反对态度，主要由认知、情感和行为意向这三大要素构成。

（1）认知。在对态度的作用中，认知主要对逆反心理起准备和导向作用。这是因为，人在认识某一现象或问题时，在心理上都具有较为稳

定的思维方式和价值观。这些稳定的思维方式和价值观构成的认知，支配人们对某一现象或问题将要采取怎样的做法，是拥护、支持，还是反对、逆行。

（2）情感。情感是指人们在心理上对认知信息内容的一种情绪体验，即喜悦、愉快或烦忧、反感，具体地说，儿童在接受教育的过程中，当理解、掌握了某一信息或观念时，一般会感到满足、充实和愉悦；而对不理解的信息和观点，一般会感到疑惑、焦虑和烦忧。

（3）行为意向。将这些对观念、信息与原有的认知加以比较，如果确认和原有的认知相悖，就会产生不良情绪。当不良情绪不能被有效地克服和剔除时，不良情绪就会逐渐增强，导致人们产生抵制有关教育管理的内容和信息的行为意向。这种倾向如果越来越严重，逆反心理就会逐渐转化为一种逆反行为。

2. 逆反心理是儿童心理的正常发展过程

一些父母经常抱怨说："现在的孩子生活条件越来越好，可是脾气越来越犟，总是不听话，跟你对着干。"从儿童生理和心理发展的角度看，这种逆反的表现是一种正常的现象。随着儿童活动能力的增强、知识的不断丰富，儿童的心理会逐渐发生变化，自我意识和主观能动性越来越强，尤其是当儿童的需求发生了很大的变化，而父母还是用自己的想法去要求他们时，结果必然会引起他们种种的反抗行为。从另一角度看，儿童的个性得不到发展，反而会影响到他们今后的发展。因此，经历反抗期是儿童正常发育的必然阶段，逆反心理也是儿童心理正常发展的表现。

3. 逆反心理并非一无是处

很多父母认为，儿童的逆反心理对其身心健康有着消极的影响，其实，逆反心理并非一无是处，它虽然会妨碍儿童身心发展，但也有很多积极的作用。

逆反心理包含自我意识强、勇敢、好胜心强、有闯劲、能求异、能创新等积极的心理品质。现代社会竞争激烈，迫切需要具有创造性思维、眼界开阔、能进取的人才。因此，父母要善于发现有逆反心理儿童的创造性品质和开拓意识，并合理引导。只要引导得当，逆反心理就能够发挥积极作用。

逆反心理在某种程度上能防止一些不良品质的形成。逆反心理强的孩子在不顺心、烦闷、压抑、不满意的时候，敢于发泄，能使不愉快的心情和不利于身心健康的负面情绪释放出来。他们不会有畏缩、压抑的心理，也不会懦弱、保守、逆来顺受。这样能起到维持身心健康的作用。

父母应知道

父母常出现的两种不良心态：一是把孩子当成自己的私有财产，对孩子拥有绝对权威，孩子的一切行动都必须听指令；二是把孩子作为自己理想的实现者，希望孩子实现自己没有实现的理想。这两种不良心态要坚决杜绝，否则，孩子的逆反心理会更严重。

儿童逆反心理产生的主要因素

儿童时期的逆反心理是一种特殊的心理现象，其表现为儿童认识上的逆反和情绪、行为上的对抗。儿童时期的孩子慢慢地开始学会自己独立思考，排斥不喜欢的东西，对大人的话不再言听计从，喜欢用自己的方式来行事，给大人的感觉就是孩子越来越不听话、越来越难管。那么，儿童产生逆反心理的因素主要有哪些呢？

1. 主观因素

儿童逆反心理的产生是和儿童特殊的生理和心理发展紧密联系的。

（1）儿童时期由于脑的发育逐渐趋于成熟、健全，脑功能越来越发达，思维的判断和分析作用越来越明显，思维越来越丰富，其范围越来越广泛。尤其是其思维方式和思维视角都已经超越儿童简单和单一化的正向思维，向着逆向思维、多向思维或发散思维等方面发展，同时，思维的独立性和批判性发展较为明显。正是儿童思维独立性和批判性的发展，为逆反心理的产生提供了心理基础。

（2）儿童在性方面开始发育并逐渐趋于成熟，性的发育又导致性别意识、性意识进一步在心理上产生断乳，进而使其形成渐趋强烈的自我意识。由于自我意识的发展，他们会认为自己已经长成大人，应该自己管理自己，自己决定自己的事情，所以会对父母的教育有意无意地采取回避，甚至背离的态度。

（3）儿童尽管在生理和心理上有很大的发展，但其生理和心理的发展又是不平衡甚至是矛盾的，主要表现为生理上的成熟和心理上的不成熟。

经验和阅历的缺乏，造成了儿童心理认识的不坚定性和易动摇性。他们的思维虽然具有独立性、批判性，但他们看待问题还是比较片面、单一的，很容易把父母的教育看成是和自己过不去，是对自己的自尊心的伤害，进而把自己放在教育者的对立面上。

2. 客观因素

儿童产生逆反心理的客观因素包括以下几点：

（1）父母不良教育方式的影响。家庭是儿童最先接受教育的地方。有研究表明，父母教育方式的不同会影响孩子的心理品质和个性。家庭的温暖和理解会使孩子产生安全感，并形成良好的个性与学习习惯；而父母的惩罚、否认、拒绝和干涉则容易使孩子产生逆反心理和自卑感，对学习厌恶、抵触和缺乏信心等。可见，父母不良的教育方式直接影响

儿童逆反心理的形成。

（2）学校不良因素的影响。学校是儿童成长和社会化的主要环境，学校不良因素的影响也是儿童逆反心理形成的主要因素。学校不良因素对儿童逆反心理产生的影响主要表现在：教师教育指导思想的偏离和方法的不当；教师在施教过程中，不尊重儿童，忽视他们的心理感受与体验；有的教师不能客观地评价儿童的性格、能力等方面，而且过于注重他们的学习成绩。此外，学校施教内容和教育方式也是造成儿童产生逆反心理的因素。

（3）同一群体不良因素的影响。同一群体是指同龄或年龄相近的儿童组成的群体。儿童受同一群体的影响突出表现在对同一群体的依赖。因为同龄或年龄相近的儿童不仅有共同的心理感受和需求，而且都有类似的爱好和共同的行为倾向，他们之间容易相互认同，最容易相互转化与感染。因此，同一群体中的儿童的一些不良价值观和行为倾向势必会对儿童的心理产生不良影响。

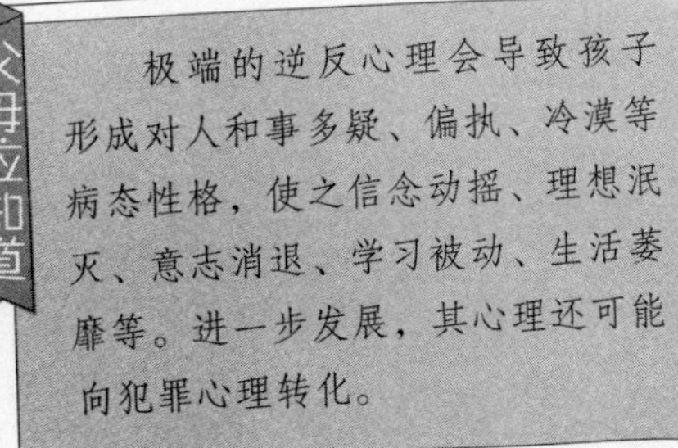
父母应知道

极端的逆反心理会导致孩子形成对人和事多疑、偏执、冷漠等病态性格，使之信念动摇、理想泯灭、意志消退、学习被动、生活萎靡等。进一步发展，其心理还可能向犯罪心理转化。

儿童逆反心理的正确引导

父母在面对逆反的孩子时，如果实施高压政策强行让孩子屈服，其结果可能不尽如人意，孩子不仅不服，而且以后父母也不容易管教，甚至也会被弄得筋疲力尽；但如果父母直接顺从孩子，有可能会导致孩子越来越任性。因此，正确引导孩子的逆反心理，直接关系到孩子的心理健康。那么，父母应该怎么做呢？

1. 耐心倾听孩子的心里话

如果孩子跟父母说心里话，父母一定要耐心倾听，不要急着反驳，否则，就有可能听不到他内心真实的声音，也有可能加深与孩子之间的矛盾。当父母耐心倾听时，孩子有可能会说一些抱怨父母的话，这时父母要解释并告诉他自己这样做的原因，还要告诉他父母很爱他。其实，孩子叛逆大多是因为他感受不到爱。

2．多用选择法

选择法是在孩子与父母发生对抗冲突时，可假设孩子已经同意，然后给他一个选择的机会。它的优点是在不把父母的意愿强加给孩子，避免和孩子发生正面冲突的同时，能让孩子享受自己拿主意、自己做决定的过程。比如，孩子不愿穿衣服，可先假设他喜欢穿，之后说“是自己穿衣服，还是妈妈帮你穿”，或“穿绿色的，还是蓝色的”等。

3．必要时进行冷处理

当孩子的一些不合理要求没有得到满足时，他时常会以哭闹、耍赖的方式来和父母对着干。这时，父母要先学会忽视，不理孩子的哭闹行为，等孩子的情绪慢慢平静下来，再尝试与其沟通。

4．告诉孩子正确的做法

对待孩子的叛逆，父母不要一味要求孩子不要做某事、不能做某事。正确的做法是，父母告诉孩子可以做的事情，让孩子知道自己能够做什么，明白自己的做事方向。告诉孩子正确的做法比一味地制止孩子要好得多。

5．融入孩子的生活

父母要想让孩子与自己交流，最好的方法就是试着去融入他的生活，看看他平时喜欢干什么，想想为什么他喜欢。父母也可以试着去喜欢，这样他会觉得父母更像他的朋友，他也就会向父母倾诉心里话，这时父母就可以给他正确的指导。

6. 用幽默与孩子沟通

比如，一些孩子不好好吃饭，父母可以说："别的小朋友都是大口吃饭，他们都会长成'高朋友'，你如果不吃饭，就会变成故事里的'矮朋友'，天天仰着脖子看别人，多累啊！咱们快大口吃饭！"这种以幽默的语言与孩子沟通，比用强硬的方法更能让孩子接受。

7. 设置底线

如果孩子的逆反心理和行为不涉及人身安全，而是自主地表达愿望，那么父母要予以理解和鼓励，让孩子做主。比如，对于孩子自己洗碗、穿鞋、穿衣服等行为，父母要鼓励并给予方向性指导。当孩子的叛逆危及人身安全时，父母必须第一时间阻止，并讲清道理。

父母应知道

对于不同情境下儿童的不同行为，父母要顺势而为、因势利导。只有从孩子的视角来看待孩子，用科学的方法引导孩子，才能让他顺利地度过这一特殊的心理时期。

儿童逆反心理带来的正面效应

许多父母误认为逆反心理是一种不健康的、消极的心理反应。实际上，逆反心理并非不健康的心理，而是人适应外界环境的一种正常的心理。它虽有消极的一面，但也有许多积极的因素。本小节将对儿童逆反心理带来的正面效应进行简要的分析，以让大家对这一心理现象重新认识。

1. 保持儿童身心健康

（1）防止儿童不良心理的形成。在某种程度上，逆反心理可以防止儿童不良心理的形成，从而使其保持身心健康。在遭遇挫折时，逆反心理强烈的儿童敢于主动宣泄消极的情绪，表达出被压抑的真实情感，以保证情绪的稳定，从而不容易产生封闭心理、畏缩心理和压抑心理。

现代情绪心理研究表明，消极情绪一旦产生，人就一定会寻找发泄的地方和对象。儿童在产生逆反心理时，如果不敢主动宣泄消极情绪，或者不及时宣泄，而是用意志努力压抑和控制，使它不形于色，它就会在体内寻求发泄，给内脏器官的活动造成损害。

（2）具有自我保护的功能。人通常在刺激强度过大、机械重复次数过多的情况下比较容易产生逆反心理。这种逆反心理又被称为“超限逆反心理”，意为外界刺激超过人一定的忍受程度之后产生的逆反心理 。因此，教育者不恰当的教育和管理方式，或者学习目标过高、压力过大、任务过重等，都会使儿童寻求解脱以逃避种种伤害，从而获得新的身心平衡。

2. 发展儿童的自我意识

儿童逆反心理是其天性的自然流露，是自我意识得以强化的一种表现。逆反心理在发展儿童自我意识方面有以下作用。

（1）加速儿童的自我认识。儿童在与父母的对立中，逆反心理能相对加快儿童自我认识的进程，使儿童不仅作为认识的主体，也作为认识的客体，重新审视和认识自我，对自我进行客观的分析和评价。

（2）加深儿童的自我体验 。逆反心理的产生，意味着儿童有了强烈的社会独立性，有了较强的自尊心，他们更倾向于维护自己的良好形象，追求独立、自尊。他们希望引起别人的注意，得到别人的尊重。如果满足了儿童的心理需要，就能使他们产生更为积极乐观的自我体验 。

（3）加强儿童的自我监控。 逆反心理的存在能使儿童根据自己内在的行为准则，经常对自己的言行进行自我检查和监控，主动寻找逆反心理产生的原因，积极地探索和设计适合自己的生活、学习方式。

3. 促进儿童思维发展

（1）促进儿童逆向思维发展。逆反心理的产生要依赖逆向思维，以达到求异的目的，因此，这对儿童思维的发展来说是有促进作用的。逆向思维是与正向思维相对而言的，它要求儿童在进行思维活动时，从相反的方向去观察和思考，从相向的视角来看待和认识客体。

（2）促进儿童批判性思维的发展。在逆反心理产生的过程中，儿童具有积极的、强烈的批判精神，时刻用批判的眼光来看待问题。这样能促进儿童批判性思维的发展。

4. 发展儿童的创新意识

儿童喜欢与众不同，在很多方面表现出强烈的创新精神与热情，这与他们强烈的逆反心理密切相关。他们自信，不轻信权威，敢于捍卫自己的观点，并且善于用批判的眼光去看待现有的事物，不满足于现状。

因此，父母对孩子的逆反心理要进行合理引导，对他们在某个方面的独到见解，应及时给予肯定和鼓励，使其维持浓厚的兴趣；当孩子的想法异想天开时，父母不要对其进行指责、压制，而应先肯定其大胆的设想，再进行合理的引导。

5. 培养儿童的独立能力

儿童渴望独立，希望得到他人的尊重，与大人享有同样的权利，如父母对他们控制过紧，必然会导致逆反心理的产生。为了获得心理上的独立感受，儿童对任何一种外在力量都有不同程度的排斥倾向。

人类成长的最终目标是做一个能够独立生存、适应环境的个体。父母应对孩子的独立行为加以表扬，保护和尊重孩子的独立意向和要求。

父母应知道

父母要深入学习与研究儿童的身心发展水平，要对儿童的逆反心理加以扬弃，充分利用逆反心理的积极因素，转变其消极因素，引导儿童积极上进，以良好的心态投入到生活与学习中去。

从儿童的逆反心理中看健康心理的培养

当儿童产生逆反心理时，如果父母对儿童的教育方式不当，可能会加剧儿童的逆反心理，因此，父母应尊重儿童的心理发展规律，掌握儿童心理学知识，改进自己的教育方式和态度，培养心理健康的儿童。

那么，父母具体应当怎么做呢?

1. 注重情感教育，使孩子的情感健康发展

情感对开发儿童智力，培养儿童优良的品德，及其以后的成长非常重要。只有拥有健康的情感，才有健康的人格。

需要是情感产生的重要基础，父母在满足孩子物质需要的同时，要充分考虑、尊重和满足其合理的精神需要。比如，父母要以亲切的微笑、和蔼的面孔出现在孩子的面前，跟他们亲切交谈，适当地抚摸、拥抱他们等，让他们获得积极的情感体验；努力为孩子创造宽松、和谐的

交往环境，以培养孩子高尚的情操；为孩子创造情感表现和情感调控的条件。

当某种需要得不到满足时，有的孩子会哭闹、打滚等，这时父母要给他们提供适当的机会和场合，使其发泄出来。同时，父母要教育孩子学会控制和调节情绪，提高情绪表现的自控能力。要让孩子做到这一点，父母首先要学会自我控制情绪。

2．注重行为培养，让孩子形成正确的行为观

> **父母应知道**
>
> 现代心理学表明：健康心理是一个人智力和人格发展、潜能开发、道德品德形成、积极适应社会的前提，是一个人整体素质形成的基础。

在生活中，我们经常看到这些现象：玩具掉在地上时，孩子不会捡起来；搭积木时，不管积木在谁手上，孩子会马上抢过来。由此可见，培养孩子正确的行为非常重要。为此，父母首先要教育孩子辨别行为的正确性，其次要求孩子自己的事情要自己做，并且要求孩子能够积极主动地帮助别人做一些力所能及的事情。父母还可以通过各种活动，培养孩子的健康心理，让孩子逐渐形成正确的行为观。

3．注重意志培养，让孩子正确面对挫折

当孩子面对困难或挫折时，父母要随着孩子年龄的增长逐渐引导并帮助孩子一起面对挫折，战胜困难，而不是用“美丽的谎言”来转移

孩子的注意力，无视挫折的存在。比如，孩子被绊倒后，如果父母立马将他扶起，那么久而久之，当他再摔倒时，他就会趴在地上等待别人扶他起来而不是自己站起来。这样会剥夺孩子从生活中获得经验的机会。

父母意见统一，孩子才能听话

孩子是父母的心头宝，父母一心为孩子打算，生怕耽误孩子的成长。可是，生活中不少父母在孩子的教育方面意见不一，没少为教育孩子吵架。在教育孩子时，父母怎么办才好？

放学后，东东放下书包，拿出自己的课本，开始写老师布置的作业。作业真是不少，东东一直写到妈妈把晚饭做好。

妈妈把炒好的菜端到餐桌上，对东东说：“东东，写完了吗？先来吃饭，吃完饭再写作业。”

已经很饿的东东，听到妈妈喊吃饭，就赶紧跑过来，顺手打开电视，观看自己喜爱的电视节目，吃起香喷喷的饭。不一会儿，东东被电视节目的情节深深吸引住了，饭含在嘴里半天没动。

妈妈看到这种情况，呵斥他：“现在立马把电视关掉，先吃饭！”

东东回答说：“妈妈，您就让我看一会儿吧，这一集特别好看，这个时间不看，一会儿就看不到了。”结果可想而知，严厉的妈妈还是没有同意。

东东又开始哀求爸爸：“我亲爱的爸爸，我就看完这一集，好不好？”

爸爸露出温和的笑容，说：“那好，看完这一集吧。”

妈妈对爸爸说：“不行。在教育东东这方面，你为什么每次都跟我对着干？咱们就不能统一战线吗？”

爸爸反驳妈妈：“你总是催着孩子干这干那，让孩子看会儿电视，放松一下，有什么不对？”

结果，两个人又像往常一样吵起嘴来。东东看到这场景，立马关掉电视，安静地吃完了碗里的饭。

几乎每个家庭都会出现这样的场景，由于父母教育孩子的意见不一致，所以两个人不停地吵架，导致孩子无所适从，不知道该听谁的，从而影响了孩子的心理健康，破坏了父母在孩子面前的权威。

生活在父母经常吵架、打架的环境里，孩子会受到怎样不良的影响呢？

1. 让孩子感到安全感受到侵犯

父母经常吵嘴，甚至大喊大叫、大打出手，都会让孩子感到非常害怕。孩子对父母的爱患得患失，时刻担心父母会离婚，或者不要自己了。而且孩子由于年龄小，所以会认为父母吵架是自己造成的，无形中加重了孩子的心理负担。长期被恐惧、不安和紧张折磨，所以孩子会严重缺乏安全感。

这会在其他方面对孩子产生负面的影响。比如，他可能会在学校打架、斗殴或者不合群，他自己也不明白为什么会这样，其实这是父母吵架导致的。

2. 导致孩子性格存在缺陷

父母经常吵架、打架，有可能会导致孩子自卑、敏感、怯懦、胆小，还有些人容易暴躁，甚至有暴力倾向。有个孩子说过，小时候父母吵架，他一直都是忍着；后来，父母吵的时候，他会朝他们怒吼；而现在，他觉得自己的暴脾气已经不受控制了，有不顺心的事就忍不住想要发泄出来。

3. 使孩子恐惧社交

在这样的环境中生活的孩子，长大后都或多或少有社交恐惧，不喜

欢和陌生人来往，也不善于和同学深交。心理防线太深，导致他们很难向人敞开心扉。也许有些孩子外表看似乐观外向，在一堆人中也能侃侃而谈，可真正能够走入他内心的朋友寥寥无几。

请记住，父母经常在孩子面前吵架或者互相指责对方，受害的都是孩子。其实，夫妻吵架，通常都是因为他们总按自己的意愿去处理事情，而往往忘记了合作。要想改善这样的局面，需要夫妻双方学会换位思考，统一意见。

家庭关系和谐并且对抚养孩子有相同见解的父母，对提升孩子的安全感和幸福感起着重要的作用。这不仅适用于父母，也同样适用于祖父母、外祖父母或其他家庭成员，以及朋友和老师等。

对于教育孩子所持有的不同意见，父母可以在孩子不在身边的时候，找个时间坐下来聊聊应该怎么做，得出一个统一的结论来共同教育孩子，这是最理想的状态。

为此，夫妻双方聊天的时候要注意以下几点：

首先，相互认可对方在教育孩子方面的积极成效。

其次，客观描述存在的问题，并确认对方对这件事有所了解。

再次，换位思考谈论问题。

最后，控制情绪，适当妥协。在聊天的过程中，夫妻难免会再次发生分歧，这时双方要控制情绪，冷静地分析，然后得出统一的结果。

总之，要记住：父母统一战线是保持家庭关系健康、平稳发展的一剂良药，对孩子的健康发展有重要作用。

您的孩子逆反吗

请让您的孩子完全按照自己内心的真实想法作答，用“是”与“否”在每题后面做标记（也可用“√”和“×”）。

1. 你不喜欢按照别人说的去做吗？
2. 你是否认为绝大多数规章制度都是不合理的，应该废除？
3. 如果你的父母多次叮嘱一件事，你会感到厌烦吗？
4. 你欣赏与老师对着干的同学吗？
5. 你经常考虑事情的反面吗？
6. 你是否对班干部指手画脚很讨厌，而故意不按照他的要求去做？
7. 老师和父母越是要你用功学习，你越是不想学吗？
8. 老师的话很多都是有漏洞、有问题的吗？
9. 你喜欢与众不同吗？

10. 违反学校里的某项规定时，你感到快乐吗？

11. 别人的批评常常引起你的反感和愤怒吗？

12. 你是否认为老师有很多缺点和错误？

13. 对别人不敢干的事，你特别想尝试一下吗？

14. 你喜欢做一些使被捉弄者痛苦或愤怒的恶作剧吗？

15. 你是否觉得父母和老师不应该为一些小事大惊小怪、小题大做呢？

16. 你蔑视权威吗？

17. 对批评你的人，你都感到讨厌和恼恨吗？

18. 你是否认为冒险是一种极大的快乐？

19. 你习惯按照大多数人说的去做吗？

20. 你感到没有意思的事，别人怎么说你也不会好好去干吗？

21. 你特别爱做令人大吃一惊的事吗？

22. 人们对你很不重视吗？

23. 一旦决定干一件事，不管别人指出这件事多么不可行，你也不会改变主意吗？

24. 你总是对老师表扬的同学感到反感，不想理那个同学吗？

25. 你喜欢干一些能引起很多同学注意的事吗？

26. 当你被别人说得火冒三丈时，你会偏偏不照他说的去做吗？

27. 你讨厌那些当班干部的同学吗？

28. 你认为上课时出现一些老师没有意料到的情况令人开心吗？

29. 对伤了你自尊心的人，你是否要给他添一些麻烦，让他感到你不是好惹的？

30. 越是禁止的东西，你越想方设法得到吗？

评分标准：

第19题答“是”计0分，答“否”计1分；其余各题答“是”计1分，答“否”计0分。将各题得分相加，然后统计总分。

得分结果分析：

0～9分，你逆反心理很弱，这使你只做并且只喜欢做你该做的事情，不去做不该做的事情。

10～20分，你存在一定的否定倾向，激动时你可能丧失理智，意气用事，有时会做一些不该做的傻事。

21～30分，你有相当严重的逆反心理，你所做的总是与众不同，与习俗和规定不符，如果你不清醒地意识到这一问题，并不努力加以克服，你只会成为一个不受大家欢迎的独行者。

第二章 叛逆不是孩子的错，父母的教育方式是关键

现在的父母不仅花了很多时间、精力和金钱在孩子身上，而且在孩子的教育上更加民主。可是，现在的孩子却比以前的孩子更逆反、骄纵和难管了。其实，这主要是由父母的教育方式不当引起的。

大喊大叫，使孩子的逆反心理更强烈

家有叛逆孩子的父母，下面的情景是不是经常在家里上演？你们对下面虎妈的遭遇是不是感同身受？

虎妈："虎儿，等你写完了作业再去玩啊。"

虎儿："我就要先玩，玩够了再写作业。"

虎妈显得有些生气，声音也提高了，喊道："你为什么总是不听妈妈的话？让你'快点穿衣服，不要迟到'，你说'迟到没关系的'；让你'做事情认真点'，你总是反着说'我就要马虎'；让你'停止大喊大叫'，你就说'我就要大喊大叫'。虎儿，你知道吗？你的这些话真的把妈妈气坏了！"

虎儿也提高了声音，喊道："难道您现在不是在大喊大叫吗？这样的妈妈气坏才好呢！"

虎妈听了虎儿的话，气得火冒三丈。

当孩子表现出逆反行为时，如拒绝写作业时，父母已经多次告诉过孩子该做什么事，可仍然毫无效果，很多父母一定会抬高自己的声音，像机关枪发射子弹一样，“噼里啪啦”把孩子怒吼一顿。即使父母自己知道不应该这样大喊大叫，而应该理解叛逆的孩子，也忍不住数落孩子一番。

有研究表明：许多父母，即使是最有耐心的父母，也会发脾气，也会对孩子大喊大叫。令人遗憾的是，许多孩子对父母的大喊大叫产生了免疫力，开始充耳不闻；经常使用大喊大叫的方式对孩子进行约束的父母，教育出的孩子更加有可能出现人身攻击、言语攻击和社会退缩，而且缺乏积极的行为表现。

其实，当父母对孩子大喊大叫时，等同于在教孩子大喊大叫。表面上看起来好像是父母成功阻止了孩子的不当行为，事实上父母是在助长孩子的叛逆行为和挑衅行为，而且孩子也会学着父母的样子对父母大喊大叫。

古希腊思想家苏格拉底说过：“未经反省的生活是不值得过的。”作为父母，很有必要认真思考冲孩子大喊大叫所造成的伤害，经常进行自我反思。也就是说，父母对此要将心比心：想一想当自己的家人、老板或其他人对自己大喊大叫时，自己会有怎样的回应。比如，自己被别人大喊大叫后产生的消极想法和消极感受，是不是很久都不会消失？自己被别人大喊大叫后是不是觉得特别无能为力？相信父母经过反思，一定会懂得要尽量避免对孩子大喊大叫，从而减少孩子的逆反行为。

在这里提供一些能够帮助父母们避免大喊大叫的有效方法。

1. 父母要主动倾听孩子的话

父母在面对逆反的孩子时，要尽量避免当众评判孩子，因为当众评判会让他觉得自己受到了父母的指责批评，从而产生防范的心理。这时，父母应该主动倾听孩子的话，让孩子打开心扉，说出自己的思想和感受。

2. 通过理解使自己平静下来

当孩子做错事情时，父母先不要急于对孩子大吼大叫，而要先想好自己到底希望孩子做出什么样的改变，然后理性地解释给他听。比如，孩子的床总是乱七八糟，这时父母要先问一问自己孩子的床怎么样才算整洁，然后再告诉孩子该做什么、不该做什么。理解孩子的逆反行为，有助于让父母的情绪平静下来。

3. 与孩子说话时要低声细语

在公共场合，低声细语地和孩子说话，能避免孩子当众出丑。首先，父母要平静地走向孩子，并引起孩子的注意；其次，直接盯着孩子的眼睛，停顿一会儿再说话，如果需要，可以轻轻地把手放在孩子的肩膀上；最后，简单扼要地小声说出要求，语气要坚定，随后转身离开。

4. 对待孩子的错误要适可而止

如果孩子已经为自己的错误行为付出了代价，那么父母再去训导孩子是没有必要的。这时父母再用刺激的语言辱骂孩子，会深深地伤害他的自尊心。

5. 提前认清愤怒的信号

父母如何处理自己的怒火是个很重要的问题。愤怒、生气并不意味着“我必须对着孩子大喊大叫”，因为这样只是在解气，并没有解决任何问题。因此，父母不要把大喊大叫当作解决问题的一个信号，这样有助于父母保持理智，从而减少对孩子大喊大叫的可能性。

父母应知道

当父母想要对孩子大喊大叫时，请记住：对孩子大喊大叫只会起到反作用，因为大喊大叫会强化孩子的逆反行为；情绪化的大喊大叫是在用不健康的方式，让父母和孩子变得更加疏远；理解大喊大叫的原因，有助于父母减少这种消极行为。

溺爱，孩子逆反的温床

在日常生活中，我们常常会看到很多父母对孩子的“爱”是不恰当的，是过度的。父母的无限溺爱给孩子的性格发展带来了许多负面的影响。爱对孩子是一种幸福，但溺爱对孩子的成长却是一种伤害。

一天，彤彤的爸爸从超市买了一盒巧克力，巧克力的口味各有不同。彤彤开心极了，因为这是她最爱吃的。平时妈妈总是顺着彤彤的心意，因此，彤彤都是想吃几块巧克力就吃几块。

有一次，彤彤把刚放入嘴里的巧克力吐了出来，又拿了一块。妈妈发现后，对彤彤说：“彤彤，你这样做可不是一个好习惯，吃完再拿才对，而且也不能总吃巧克力啊。”妈妈只是随意地说了一句，并没有跟彤彤进行正式谈话。

这个时候，彤彤却因为妈妈的这句话而噘起了小嘴。妈妈一见孩子

不开心，立马就什么话也不说了。接下来，彤彤还是像之前那样，吃一口巧克力就吐出来，然后再去拿其他口味的巧克力。

妈妈觉得这样实在不好，就又对彤彤说："一会儿就该吃饭了，好孩子，咱不吃巧克力了，好吗？"可彤彤一撒娇、一假哭，妈妈又心软了，于是不再说彤彤了。

到吃饭的时候，妈妈叫彤彤吃饭，彤彤却发起小脾气，对妈妈说："我不吃，就不吃。刚才没见我吃巧克力吗？我真的吃饱了。"

妈妈只能无奈地说："不吃就不吃吧，等一会儿饿了，妈妈再给你热一热。"

孩子被溺爱的直接后果就是骄横。由于父母一直让步，满足孩子的一切要求，包括很多无理的要求，慢慢地，孩子的骨子里就养成了他是老大的思想，父母得听他的，所以导致孩子不懂得让步，不懂得宽容，更受不了委屈，性格骄横、目中无人。

爱孩子没错，但爱一定要与教育联系在一起。只对孩子顺从并不是爱，不加以引导，孩子就会在父母的溺爱中迷失，对孩子来说其实是一种伤害。因此，父母既要懂得如何爱孩子，也要懂得如何教育孩子，让孩子在平衡的爱中健康成长。否则，过分的爱将成为孩子逆反的温床。

1. 不轻易满足孩子，更不要有求必应

一些父母总是害怕孩子哭闹，因此，对孩子百依百顺。这样的孩子容易变得不珍惜物品，讲究物质生活，浪费金钱和不体贴他人，并且毫无忍耐能力和吃苦精神。因此，父母对孩子的要求要慎重考虑，不能孩子要什么就给什么。

2. 父母要学会对孩子说“不”

面对孩子的无理要求，父母要硬起心肠说“不”。如果父母因为害怕孩子哭闹而一次次地妥协，孩子慢慢地就会知道父母的软肋，今后再想教育孩子就会很困难。只有在一开始就采取果断的态度，对孩子说“不”，才能够避免孩子一直耍无赖。

3. 及时纠正孩子的错误

容忍孩子的无礼，就等于埋下了逆反的隐患。因此，孩子出现过错时，父母要及时找到孩子犯错的原因，有针对性地进行批评教育。

4. 让孩子了解约束性规定

孩子是约束性规定的具体执行者，因此，这些规定要让孩子了解。父母和家里其他成员则是执行约束性规定的指导者和监督者。

父母应知道

父母要避免溺爱孩子的十大表现：特殊待遇、过分注意、轻易满足、生活懒散、祈求央告、包办代替、大惊小怪、剥夺独立、害怕哭闹、当面袒护。

期望过高，让孩子更想反抗

“望子成龙，盼女成凤”是天下父母们共同的心愿，尤其是在这个知识爆炸、信息瞬息万变的新世纪，每个父母都希望下一代比自己强，出类拔萃，能以高学历、高水平立足于这个竞争激烈的社会。

因此，父母对孩子有期望是人之常情。合理、适当的期望能够激发孩子的学习动力，强化学习动机，激励孩子通过努力去获取成功。如果父母对孩子的期望过高，超过了孩子的实际学习能力和心理承受力，就会适得其反，影响孩子的心理健康。

有一次，涛涛妈妈和其他几位妈妈聊天，说着说着便难过起来，后来还哭了。原因是涛涛现在经常逃学，涛涛妈妈实在是没有什么办法了。

涛涛是小学六年级的学生，马上就要升初中了，可他的成绩一直处于下游水平，涛涛的父母非常担心他考不上重点中学。为了能让涛涛上

一所好学校，他们费了不少心思，帮涛涛在课外报了很多课程：周一晚上有外语课，周三晚上有数学课，周五晚上有阅读课，周末上冲刺班。这么多的课外辅导让涛涛感到压力很大。

这样的生活让涛涛几乎失去了所有的课余时间。涛涛根本不喜欢这样，他最喜欢的是音乐。因为平时根本没有时间听音乐，所以他总是晚上偷偷戴上耳机听自己喜欢的歌曲，只有这个时刻他才是最放松的。不幸的是，这件事情被父母发现了，父母觉得这是在浪费时间，会耽误学习，于是，严格的父母断然把他的耳机和手机都没收了。

后来，涛涛像变了一个人似的，对任何东西都不感兴趣了，自己还时常在屋里发呆，成绩也一直下滑。妈妈看到后越来越着急，以致采取了错误的教育孩子的方法：每天一等到涛涛放学，就陪着他学习。但涛涛的厌学情绪越来越严重，最后干脆逃学。

案例中的父母不断督促涛涛学习、努力，给他制定了繁重的学习任务，让涛涛的心理压力很大，长期如此，尤其涛涛还是一个不懂得自我调节的孩子，慢慢地就会产生厌烦、抵触心理，最终导致了涛涛的逆反行为——逃学。

另外，父母把自己过高的期望放在孩子身上，很可能会让孩子丧失自己内心的想法，不知道自己该做什么。当父母对孩子过高的期望落空时，可能会产生很大的失望情绪，无论是表现出来的，还是没有表现出来的，都会让孩子的自尊心受到极大的伤害，使其变得自卑。

因此，父母要避免对孩子有过高的期望，才能让孩子健康快乐地享受他的童年。

具体建议如下：

1. 要真正地了解自己的孩子

每个孩子都有自己的特征、爱好，父母不要把自己的意愿强加给孩子，而是要真正地了解孩子，让孩子做适合他的事情，这样才能充分发挥他自身的潜力，否则，只会让孩子更想反抗。例如，案例中的涛涛对音乐很感兴趣，可父母让他学的都是他不感兴趣的科目，并且逼着他学习，慢慢地“成就”了一个逆反的涛涛。

2. 要适当地降低自己的期望值

如果孩子的基础较差，父母就不要一味地去鼓励孩子非要考班级前几名，因为当孩子觉得自己离这个目标太远时，他就会丧失自信心，产生自卑心理。

父母应根据实际情况来要求孩子。孩子一旦建立了自信心，就会削弱原来的自卑感。自卑感对孩子的危害取决于他们所感受的程度，感受太强，会使他们缺乏自信，放弃努力。在一定承受能力范围内的感受，便会变成一种刺激的动因，促使他们去尽力弥补自己的不足。

3. 多给孩子一些自由空间

教育家陶行知认为，孩子的成长和发展需要有一个宽松的、开放的、积极的引导环境，需要在父母的热切期望和等待中来迎接孩子的

成长。孩子的发展要遵循天性，不能任意抹杀孩子的创造欲望和玩乐心态，要让孩子自由地发展。因此，父母要多给孩子一些自由空间，不要处处管着孩子，只有这样才能让他的个性与特长得到更好的发展。

父母应知道

父母需要注意的是，当发现孩子厌学问题严重，自已无力解决时，要积极寻求外界的辅助手段，和学校的老师积极沟通，必要的时候寻求专业机构的帮助，让孩子走出厌学的困境。

简单粗暴，把孩子逼向对立

一些秉持着“棍棒底下出孝子”教子观念的父母在恨铁不成钢的心态驱使下，就想用一些简单粗暴的方法一举“驯服”孩子，结果不仅达不到教育目的，还会使孩子的逆反心理更加严重。

路路上小学后，英语成绩一直不好，爸爸特别着急。每次看完路路的英语试卷，爸爸都发现了同一个问题——粗心。于是，他斥责路路：“你怎么回事？怎么那么不认真，长眼睛是干吗用的？”面对爸爸的斥责，路路只是沉默地低着头。

等到下一次考试成绩出来，路路的英语成绩还是不见提高，而爸爸慢慢地从试卷中发现：路路除了因粗心而犯错，还经常将不会做的题直接空着。爸爸生气地说：“这么容易的题你都不会做啊？你上课的时候怎么听课的？”

无论是在学习中，还是在生活中，当路路犯错时，爸爸不仅批评他，有时还会打他。渐渐的，路路不但变得讨厌上学，不爱说话，还变得爱逃学了。有一次考试，路路的成绩特别糟糕，在班里排名倒数第一，他非常害怕爸爸会像往常一样简单粗暴地对待他，于是，他在家门口附近的小亭子里待了一夜……

案例中的爸爸面对犯错的路路总是不断地斥责，这种简单粗暴的教育方法，不仅容易导致爸爸的威信丧失，而且还会重重刺伤孩子稚嫩的心灵，伤害孩子的人格尊严和自信心，甚至会给孩子的一生留下不可磨灭的阴影。

另外，研究表明，体罚（如打骂行为）是没有积极效果的。特别是对叛逆的孩子，体罚只会导致更严重的后果。

因此，当孩子犯了错误时，父母应该心平气和地进行教育，告诉他错在哪儿，以后遇到类似的事情该怎么办，而不是不分青红皂白，对孩子进行简单的斥责和打骂。体罚只会让孩子口服心不服，头脑里只留下痛苦的体验，甚至对父母产生怨恨和恐惧感。

应该说，教育孩子可以批评，但正如陶行知先生所说："在教育孩子时，批评比表扬还要高深，因为批评一定要讲究方法，这是一门艺术，你用得好它比表扬的效果还有用。"那么，该如何对孩子进行适当地批评呢？

1. 低声批评

父母批评孩子时，应用低于平时说话的声音。低而有力的声音，会更容易引起孩子的注意，也容易使孩子注意倾听你说的话。这种低声的"冷处理"，往往比大声斥责更有效。

2. 保持沉默

孩子一旦做错了事，总担心父母会责备他，如果如他所想的责备他，那么孩子反而会有一种如释重负的感觉，对批评和自己所犯的过错也就不以为然了；相反，如果父母保持沉默，孩子的心里反而会紧张，会感到不自在，进而反省自己的错误。

3. 暗示错误

孩子犯了错误，如果父母能心平气和地启发孩子，不直接批评他的错误，那么孩子就会很快明白父母的用意，愿意接受父母的批评和教育，这样做也保护了孩子的自尊心。

4. 多用良言

俗话说：“良言一句三冬暖，恶语伤人六月寒。”成功的父母是深知良言的妙用的。他们善于观察子女的心态处境，然后选择时机，有针对性地给予语言的抚慰、温暖和鼓励，这样，孩子的理想之花就会渐渐开放。反之，横挑鼻子竖挑眼，不加分析地乱指责，以长辈自居，要求孩子无条件服从，不容孩子分辩，这种教育方式有害无益。

父母应知道

研究显示：父母的心理素质会直接影响到孩子的性格，父母性情平和、做事民主，子女性格多表现为亲切、率直，有活动能力；父母过分严厉，子女的表现则往往是逃避、反抗或胆怯；父母处事忽冷忽热，反复无常，子女多表现为神经质、自以为是、缺乏责任心、没有耐心等。

冷漠忽视，孩子逆反的“隐形杀手”

孩子是脆弱的小生命，我们经常说不能打骂孩子，不能暴力，但是，冷漠忽视同样不可以。首先，我们来看下面这个案例。

周一，张老师在班里上了一节主题课，主题的名字叫《小朋友，为什么你爱你的爸爸妈妈》。张老师对所有小朋友说：“大家为什么爱爸爸妈妈呢？”刚问完，小朋友们便争先恐后地发表自己的想法。

“因为我生病的时候，爸爸妈妈特别关心我，喂我吃药，照顾我，我爱他们。”玲玲说。

“因为爸爸妈妈给我买了好多玩具。”

“因为爸爸妈妈为了我工作很辛苦，我也很爱他们。”

“因为……”

然而，这时浩浩闷闷不乐，眼睛一直盯着地板，好像在想什么事

情。张老师发现后，叫起浩浩说："浩浩，你来说说，你为什么爱你的爸爸妈妈呀？"可是浩浩一声不吭，看起来非常难过。

下课后，张老师把浩浩单独带到办公室，温和地说："浩浩，刚才为什么不开心呢？心里有什么事情可以告诉张老师哦！"

浩浩低着头小声地说："我也很爱我的爸爸妈妈，但我好想和他们天天住在一起。"原来浩浩一直是和姥姥姥爷一起住，父母因忙于工作而很少关心他。张老师从他的眼睛里看得出，他是多么希望得到爸爸妈妈更多的关爱。后来，张老师去浩浩家进行了一次家访，把浩浩的想法告诉了他的家人。

没过多久，浩浩在学校的表现与之前大不相同了，他开始开心起来，上课特别认真，说话也变得更自信、乐观了。这时，张老师意识到自己的家访真的起到作用了。

案例中浩浩的父母之前给予他的关爱和关心极少，无视孩子的情况和需要，与孩子的沟通也极少，从而导致浩浩各方面的发展滞后。如果父母长时间对孩子冷漠忽视，容易导致孩子的心灵不健全，这就有可能转化为孩子的性格特征。具有冷漠心态的孩子，对周围一切的人和事物都会表现出冷淡的态度，比如，上课注意力不集中，不听老师讲课和提问等；不能和他人进行沟通；看不到生活的本质和真谛，也看不到心灵深处高尚美好的东西。

美国著名的心理学家南希·麦克威廉斯曾说："家庭对儿童最大的伤害，莫过于对儿童遭受创伤和丧失事件后所采取的漠不关心和冷漠的态度，这会直接导致孩子从此不再相信他自己的知觉和感受。因此，未来他也不会和周围的环境发生真正的关系，他所能发展出的只有敏感、警惕、恐惧、不安等这些原始的防御机制。"

可以说，父母的冷漠忽视是孩子逆反的"隐形杀手"。

因此，作为父母，我们不仅要关心孩子的身体健康，还要关心孩子的心理健康，在满足孩子物质需要的同时，也要了解、满足孩子的心理需求。为此，父母应该注意树立正确的教育方式，同时建立亲子间的良性互动，通过交流了解孩子的心理需要。

1. 尊重孩子的内心世界

孩子的思想是不同于大人的，在他的世界里有鬼怪，有王子和公主，有会说话的小花……当孩子和父母讲这些充满奇思妙想的故事的时候，父母要学会倾听，和孩子一起交流、讨论，让孩子觉得你能理解

他，你和他的内心其实是很贴近的。

2. 通过故事，耐心地教育孩子

每个孩子都会有不听话的时候，也会有遇到挫折的时候。这时，父母需要用言语表现出自己对孩子的认同和爱，而不是冷漠忽视或者指责他。父母可以通过故事，用孩子可以理解的思维，让他认识到自己行为的错误和应该如何去处理遇到的问题。

3. 多和孩子有身体上的接触

孩子很喜欢被父母抱，当被温暖的怀抱抱着的时候，孩子会有一种安全的感觉，这对孩子信任感的培养是很重要的。身体的接触是最贴近的，也是最能体现爱的方式。

父母应知道

父母要避免以下几种情况：孩子淘气、犯错后，父母怒气未消时，故意直接拒绝或者冷漠对待孩子的道歉，以示惩罚；在父母比较忙，或者正沉浸在自己的事情中时，无意地忽视孩子的呼唤，对孩子不耐烦，故意不回应；父母带着情绪与孩子相处，拒绝孩子提出的建议；心不在焉地陪伴孩子。

鱼缸法则：孩子成长需要自由

走入美国某大公司在纽约的总部，首先出现在眼前的是办公室门口的一个漂亮的鱼缸，鱼缸里有十几条游来游去的热带鱼。然而，2年过去了，这些小鱼似乎没什么变化，还是10厘米长。

有一天，董事长顽皮的孩子来找爸爸，他对小鱼感到十分好奇，结果在玩耍中不小心把鱼缸推倒了，玻璃碎了一地。其他人赶紧把小鱼捡起来。但没有了鱼缸，他们只能将小鱼放在院子中的喷水池里，作为它们暂时的容身之所。

2个月之后，一个新的鱼缸被抬了回来，当人们来到喷水池边准备捞鱼时，令他们惊讶的是，那些小鱼竟然疯长到了30厘米长！

这就是著名的“鱼缸法则”。对于孩子的教育，道理也是如此。孩子的成长需要自由空间去体验生活中遇到的不同情况，从中汲取更多的

知识和经验，以指导他们今后要面对的种种困难；而如果将孩子束缚在父母的“鱼缸”中，控制他们玩耍、实践的自由，他们就会像鱼缸里的小鱼一样，虽然有长大的先天条件，但因为外部环境的限制，永远发挥不出自己应有的能力。

陶行知先生说过，要给孩子“六大解放”：解放他的头脑，使他能想；解放他的双手，使他能干；解放他的眼睛，使他能看；解放他的嘴巴，使他能谈；解放他的空间，使他能到大自然社会去取得更丰富的学问；解放他的时间，不逼迫他们赶考，使之能学习自己渴望学习的东西。

每个孩子都有自己的选择方式，都有自己的想法，都有自我定位，每个孩子的世界都是一个相对独立的世界。孩子们根据对生活环境的理解，已经逐渐形成一套自己的处事方式，因此，父母不要过于强求孩子做不愿做的事情。强制性的教育方式只会令孩子生出逆反心理。

父母要从鱼缸法则中得到启示，应该成为明智的家长，让孩子在自由的世界中去探索、去发现。那么，怎样才能给孩子一个自由的发展空间呢？

1. 要给孩子充分的自由和空间

随着孩子的成长，父母应该给孩子越来越多的空间和自由。父母必须有意识地要求自己，甚至是克制自己，不要有什么事都为孩子做的想法和冲动，要给孩子充分的空间。

2. 学会宽容和鼓励

孩子天生就拥有好奇心和逆反心理。如果父母执意要按照自己的意愿去要求孩子，那么结果很有可能是“哪里有压迫，哪里就有反抗”。辣椒是辣的，苦瓜是苦的，泥巴是腥的……这是我们大人都知道的生活常识，但因为孩子是不知道这些的，所以他们很想去尝试。即使孩子做的事情是不明智的，父母也不应该去斥责和限制，而应想办法去引导他们。

3. 要有保护性地放养

父母给孩子自由的成长空间，并不意味着放手不管。孩子由于年龄太小、经验不足等，所以往往不能正确地处理自己的事情，这就需要父母有保护性地放养，既给孩子充分的自由，又要进行必要的保护。

具体需要父母观察和了解孩子的心态，能够在关键时刻伸出援手，给孩子提供解决问题的主要原则和思路，让孩子进行具体选择，承担后果。

第三章　情绪化？不打不骂，给孩子正面教养

当孩子无理取闹、撒泼时，不管是吼叫式还是打骂式的教育方式，都不能教出好孩子。孩子的成长需要正能量，父母要学会控制情绪，做好榜样，这样才能给孩子正面的教养。

了解儿童情绪中的小秘密

情绪是指感觉及伴随感觉而来的想法、生理状态以及心理状态，同时，它也蕴藏着表现某些行为的倾向。

由于儿童大脑发育尚不成熟，心理状态很不稳定，所以儿童在心理发育过程中很容易受自身素质、家庭环境、学校环境、社会环境等因素的影响，尤其是遗传的易感素质在不良环境因素的作用下，往往会出现各种情绪问题。

对于孩子的情绪问题，父母不能简单地进行压制，而是应该正确地接纳和疏导孩子的不良情绪。比如，对于儿童逆反心理中的情绪问题。当孩子情绪激动时，他们的思维水平会急剧下降，词汇量会相对减少，词汇使用正确率也随之降低。不过，他们也有自己简单、不规范的语言。但是，如果从语言的表面意思解读孩子的心理，父母就会难受，甚至生气，通常还会责备孩子不懂礼貌。因此，父母要学会准确解读孩子气话中的真实意思。如以下这些气话。

1.“不！”

心理解读：“我不知道您想让我做什么，但我又不好意思去问。”

2.“我不要！”

心理解读：“我知道您想要我做什么，但这看起来很难，我认为我完成不了。”

3.“我不做！”

心理解读：“做这件事情让我很担心、很害怕。”

4.“我讨厌您！”

心理解读：“我很生气，我不知道要怎么说、怎么做。”

“我觉得很丢脸。”

5.“很无聊。”

心理解读：“这很难，我怕自己无法完成。”

“我不知道做这件事有什么意义。”

“一点儿都不酷，我的朋友们会看不起我的。”

“我不喜欢。”

6.“您不是我的妈妈！”

心理解读：“我特别沮丧，很不开心，我不知道要怎么说、怎么做。我做任何事情都需要您的爱和支持。”

我们要知道孩子是不能准确表达他内心的想法的。因此，父母不能一生气就说气话，而是要教导孩子学会用完整、有礼貌的话语说话。

当孩子情绪激动时，别人说什么他都听不进去。他通常会以简单、生硬的方式去理解，有时还会扭曲大人的真实意思。下面就列举一些孩子对父母语言的理解。

1.“不行！”

孩子解读：“妈妈想要控制我。”

2.“你不能这样！”

孩子解读：“妈妈生我的气了，但我不知道为什么。”

“我知道错了，因为我不听话，所以妈妈不爱我了。”

3.“你怎么会这样跟妈妈说话呢？”

孩子解读：“妈妈不爱我了。”

“我是个坏小孩。”

4．“你太调皮了。”

孩子解读：“妈妈说得对，我很调皮。因此，我就做一个调皮的孩子。”

“我不调皮，妈妈这样说是因为妈妈不爱我了。”

上面只是列举了几个重要的例子。在平时的生活中，父母要注意多观察、学习和总结。孩子有情绪问题没关系，只要父母知道该如何引导孩子的情绪，就能解决问题。是听之任之，还是及时矫正，这将直接影响孩子未来情绪的养成。

那么，父母该如何引导孩子，让孩子学会控制情绪呢？

1．父母要以身作则，给孩子树立好榜样

对于孩子来说，父母既是长辈，也是成长伙伴，父母的一举一动、一言一行都会潜移默化地影响孩子。如果父母善于管理自己的情绪，就会给孩子带来积极的影响，树立正面的榜样；如果父母不善于管理情绪，在孩子面前放纵情绪，孩子也会模仿。

2．父母应尽可能多地了解、熟悉儿童情绪的相关知识

只有充分了解孩子的心理，认同和理解他的情绪和背后的诉求，父母才能更好地管理孩子的情绪，让孩子既不过分压抑自己的情绪，又能把握表达情绪的分寸和场合。

3. 找出孩子负面情绪背后的原因

当孩子已经出现不良情绪时，家长应思索这种负面情绪背后的原因，及时阻止孩子放大这种情绪，而不是满足或者纵容孩子的不合理要求，让孩子养成以哭闹为威胁手段的坏习惯。同时，家长应告诉孩子，每个人都会出现暴躁、恼怒、焦虑等情绪，不要为此感到羞愧，采取合理的方式应对和释放情绪即可。

父母应知道

情绪是不分对错的，都是人性的体现。任何人都会有快乐、痛苦、抑郁、嫉妒等令人愉悦或令人伤心的情绪。因此，父母应允许孩子发泄自己的情绪，并应学会用科学的方法处理孩子的情绪问题。

孩子无理取闹，采用积极暂停法效果好

每个孩子都是家中的宝，正因为这样，孩子有时候无理取闹才会让父母很头痛。父母这个时候该怎样应对呢？

一位妈妈这样谈论自己的孩子壮壮：

壮壮有时候会无理取闹。比如，有一次我们曾承诺周末要带他去野外露营，可是计划赶不上变化，周末两天的天气骤变，阴沉沉的。再加上工作上的事情有点多，最终我和壮壮的爸爸不得不将这个计划推迟。结果，壮壮又哭又闹。任凭我们怎么解释，他都不听，甚至还打算自己背着帐篷去野营。我既担心又愤怒。这个时候，我提议我们各自回到自己的冷静角待会儿。等想好了，我们再商量。

于是，我去客厅继续读书，壮壮的爸爸赶紧忙自己的工作，壮壮则去阳台上的冷静角坐着。20分钟后，我们再来商量这件事的时候，彼此

都冷静了许多。壮壮开始认为下周去野外露营也是不错的选择，毕竟阴沉沉的天气真的不适合野外露营，如果下雨，那就没办法玩了。最后，事情得到了圆满的解决。并且在接下来的一周，我们也遵守了承诺。

在这个案例中，壮壮的妈妈在孩子无理取闹的时候，采用的是积极暂停法，有效地缓和了孩子的情绪。那么，什么是积极暂停法呢？

积极暂停法常常被用于孩子犯了错或无理取闹的时候，当提醒、警告、制定规矩、商量等都变得无效时，而采用的一种马上喊“暂停”的方式。它主张父母和孩子都停止正在做的事情，各自待在自己的一个特定区域，让自己冷静下来，几分钟或半小时后再继续商量处理之前的问题。

那么，怎样使用积极暂停法呢？可以通过以下几步来进行。

1. 解释

在使用积极暂停法之前，要和孩子谈谈它的好处。要将“暂停期”

的价值，以及在解决冲突之前等待每个人的感觉都好起来的重要性告诉孩子。解释暂停是让孩子感觉好起来，而不是惩罚孩子。

2. 布置

父母可以让孩子自主选择家里的一个安静角落，并和孩子一起对这个角落进行布置，让它成为孩子的“冷静角”。有的孩子可能喜欢在冷静角里贴一些图画，放上自己喜欢的书籍和玩具。当孩子不高兴的时候，他可以在这个地方看看自己喜欢的书，玩一会儿自己喜欢的玩具，情绪很快就能得到缓解。

3. 父母率先使用，行动大于言语

当孩子拒绝使用积极暂停法时，父母可以率先使用，因为成人更需要暂停，而且让孩子看到效果，他们才愿意接受。

4. 解决问题

当孩子感觉好起来的时候，就是解决问题的好时机。这时候父母可以帮助孩子讨论他们的选择所会造成的后果，并引导孩子利用他们学到的方法来解决问题。

另外，父母需注意，要将“积极暂停法”和“面壁思过”区分开来。

“面壁思过”其实是一种冷暴力惩罚方式。父母和孩子都有负面情绪时，父母命令孩子去冷静一会儿，有时候还加上一些诸如“好好反思自己错在哪里！”此类的话。如此，孩子很容易产生逆反情绪，不但不会反思错误，而且会认为父母不够爱自己。对于叛逆心重一点的孩子来说，他甚至会想：你尽管罚，我就是不听！

美国儿童教育家海姆·吉诺特说过：“惩罚不能阻止不良行为，它只能使罪犯在犯罪时变得更加小心，更加巧妙地掩饰罪行，更有技巧而不被察觉。孩子遭受惩罚时，他会暗下决心以后要小心，而不是要诚实和负责。”

积极暂停法强调的是父母与孩子之间有联结的暂停，是孩子主动的选择。而且冷静角是孩子主动选择、命名和布置的，是一个能让他放松、感到温暖舒适的地方。

使用这种方法，孩子更愿意接受父母的建议，也更愿意反思自己的错误。

父母应知道

积极暂停法不适用于4岁以下的孩子。因为这个年龄段的孩子还没有足够的心智来理解它，这种方式对于他们来说就是一种惩罚。

孩子外出时爱撒泼，要事先“约法三章”

外出时，孩子闹情绪、撒泼是一种很普遍的现象，挑战着父母的耐心。其原因很复杂，主要有两点：一是孩子外出无所适从，而且很多父母没有给孩子定规矩；二是孩子在公共场合中面对的刺激因素很多，很难保持良好的自制力。

下面案例中的琳琳就是一个爱撒泼的孩子。

周末，妈妈带着琳琳去超市买生活用品。为了防止琳琳进去后乱拿东西，在超市门口，妈妈就和琳琳约法三章，拉着琳琳的手嘱咐说：“琳琳，这次我们要买香皂、洗衣粉、酱油等一些生活必需品，进去后不能随便去拿别的东西哦！这次表现好的话，回去后妈妈会有奖励的。”琳琳一听到有奖励，满口答应了。

可事实上，琳琳一进超市就把妈妈刚才的话忘得一干二净了。

妈妈用心挑东西的时候，琳琳就跑开了。过了一会儿，妈妈喊着“琳琳……”，琳琳也没有回答。妈妈找了一圈才在零食区找到她，只看见琳琳眼巴巴地看着货架上的一盒巧克力。

“妈妈，我想吃巧克力，我要买。”琳琳指着货架上的那盒巧克力说。

“不行！吃巧克力容易坏牙齿的。”妈妈表示拒绝。

琳琳却噘着小嘴巴说道：“为什么不行啊？上次爸爸就给我买了一盒呢。”

妈妈反问道：“刚才在超市门口怎么跟你说的？如果再这样不听话，就得不到奖励！”

这时，琳琳突然歇斯底里地哭喊：“我就要买巧克力，我就要巧克力嘛！您不买我就不走了！”

妈妈没有理琳琳，继续买东西。结果，琳琳使劲甩开妈妈的手，跑过去抱着一盒巧克力不松手。妈妈看到立马追过来，将巧克力猛地从她手里抢过来，厉声说道：“我可以肯定地告诉你，今天没有奖励了！”

无法控制情绪的琳琳听后，一屁股坐在地上，开始又哭又闹。妈妈实在没有办法了，不得不拽着她走，一边继续挑选东西一边抱怨着。

案例中的琳琳和妈妈的约定是在超市里要听话，但是琳琳有时不认为或意识不到自己的行为已经属于捣乱的范畴，而且之前的约定在琳琳看到琳琅满目的商品时估计也被忘得差不多了。当然，琳琳妈妈的做法也存在着许多问题，使孩子在公共场合撒泼而难以控制。那么，针对带

孩子外出这件事，父母应该怎样做，才能省心又省力呢？对此，可以通过以下几步来进行。

1. 带孩子外出前，和孩子“约法三章”

父母在带孩子外出前，要看着孩子的眼睛，告诉孩子你希望她怎么做。并且告诉孩子，在到达目的地之前只会警告她一次。注意，让孩子外出遵守的规矩一定要明确、详细，如“没有我的允许，不许随便拿货架上的东西”“不要乱跑”等。

2. 到达目的地之前，让孩子重复你制定的规矩

到达目的地之前，父母要让孩子重复自己制定的规矩，目的是确认孩子是否明白了父母的要求。

3. 父母要让孩子明确知道遵守规定应得的奖励

父母要明确、具体地告诉孩子遵守规矩会得到什么奖励。父母的奖励可以是物质的，也可以是非物质的（比如积分积累）。当然，有时候设置物质奖励要比非物质奖励效果好很多。不管设置的奖励形式是什么样的，一定要明确、详细和现实。并且要让孩子知道他只有表现好时，才能获得奖励。

4. 告诉孩子严重违反规矩时会受到的惩罚

在孩子重复规矩并且也知道遵守规矩会得到怎样的奖励后，父母也要让孩子知道严重违反规矩会受到怎样的惩罚。关于具体的惩罚方式，可以是得不到积分或扣掉一定的积分，延迟满足愿望期限等。这种外在动力有时会刺激孩子努力遵守规矩。

5. 到达目的地后，要时刻监督，并及时给予奖励和惩罚

父母和孩子到达目的地后，父母要时刻监督孩子的行为，确保他遵守规矩。孩子初次违反或将要违反规矩，父母要及时提醒，并且只有一次机会。孩子再次违反规矩时，父母一定要告诉他得不到奖励了或

者有哪些惩罚，等时机合适，立即执行。如果孩子遵守了规矩，那么父母要及时表扬并给予奖励，这能强化孩子的成就感，让孩子以后更乐意这么做。

父母应知道

当孩子因受到惩罚而情绪失控时，父母可以找一处安静的地方（餐馆或超市的角落、亲戚家里的小房间等），让孩子静一静。

给足孩子安全感，缓解他的逆反情绪

人们只有在拥有基本的安全感后，才可能放松下来，更多地体验到轻松、愉悦、自在、欢乐等美好情绪。否则，人们会挣扎在恐惧当中，耗费巨大的能量去寻求安全感，很难有精力和心情真正地享受生命。

对于孩子来说，安全感尤为重要。孩子成长的过程，是从毫无能力开始的，因此，更需要一个安全的环境，让他能安下心去玩耍、去学习。孩子的这种安全感，来源于他对这个世界的最基本的信任，他需要确定“世界是可以依靠的，他人是可以依靠的”，然后才能确定“生活是充满美好的”，进而才能拥有健康的心态，更好地去生活和成长。我们先看下面的案例。

一次，莉亚和丈夫出去旅游，因为儿子当时才2周岁，带出去很不方便，所以他们便将他暂时放在了爷爷奶奶家，直到一个星期之后，他们

旅游回来，才把儿子接回来。

哪知道从那次以后，儿子便听不得要把他送去爷爷奶奶家了，只要一说去爷爷奶奶家，他就一直嚷嚷着说："我不去爷爷奶奶家，我不要离开爸爸妈妈。"

莉亚听着儿子的话，心里很难受。他们的行为给孩子的内心造成了一定的伤害，让他没有了安全感，误以为父母不要他了。

而且听孩子的奶奶说，儿子在爷爷奶奶家也总是闷闷不乐的，以前爱玩的玩具也不玩了，天天问爸爸妈妈在哪里。

从案例中我们可以看出，这个2周岁的小男孩由于"分离焦虑"，缺乏安全感，所以在爷爷奶奶家总是闷闷不乐，连自己最喜欢的玩具也没心情玩了。可见，安全感对于一个孩子来说是多么重要。

孩子的安全感从刚来到这个世界上时就已经开始建立，年龄越小，安全感的状态越重要，对人一生的影响也越大。而孩子的安全感最重要的来源就是身边的父母，父母对待他的态度及父母自身的安全感状态会对孩子产生重要影响。那么，要想让孩子获得安全感，父母要怎么做呢？

1. 营造温馨的家庭环境

在生活中我们不难发现，在温馨和睦的家庭长大的孩子更加阳光、开朗，有安全感；相反，在不和睦的家庭中长大的孩子，通常会表现为胆小、内向，缺乏安全感。可见，营造一个温馨的家庭环境对孩子的健康成长有很重要的作用。

2. 多给孩子鼓励和肯定

在生活中，父母不要总是用审视的眼光去看待孩子的表现，而要多欣赏他的表现，肯定他做得好的地方，支持他想要做的事情。就算孩子做错了，也不要总打击和批评孩子，比如：说“你再不听话，我就不喜欢你了”等，这样的话没有任何教育意义，反倒会伤害孩子的内心，而且颇具威胁意味，孩子除了感到难过，并不能从中吸取教训。比如，下面案例中的妈妈的教育方法就是不对的。

我儿子小东可不听话了！不过，最近我找到了一个方法：如果他不听话，我就说不要他了！他还真害怕。上次，我们一起去儿童游乐场，他赖着不肯离开，我就说再不走就不要他了，然后我就头也不回地走了，他哭着一路跟上了我。但是每次这样之后，他都会哭很长时间，挺不好哄的。

案例中的妈妈对孩子说的话，会让孩子有被抛弃的感觉。更为敏感的孩子还可能会为自己的处境焦虑，花费很多精力去证明父母是否爱自己，以确认自己是不是安全。

3. 给孩子足够的陪伴

父母对孩子的陪伴很重要，因此，很多条件允许的父母，尤其是

妈妈都选择在家陪伴孩子，直到孩子上幼儿园。在孩子最初的几年里做一个不离席的父母，把孩子的安全感奠定得稳稳地，这当然是最理想的状态。

然而，不能全职陪伴孩子，也并不意味着亲子关系会差很多，安全感并不等于时刻在场。英国一位著名儿童教育家曾提到，父母完全不必因为工作忙陪不了孩子而感到不安，可以给予孩子固定时间段的陪伴。

父母应知道

心理学研究发现，内心缺少安全感的孩子往往具有很强的攻击性。因此，父母有责任给孩子足够的安全感，减少其逆反心理及行为，让孩子健康快乐地成长。

打骂是最坏的方法，言传身教最有效

有些父母的教育方式简单粗暴，不顾孩子的自尊心，经常要求孩子无条件地服从自己。有的父母甚至认为“棍棒底下出孝子”，觉得好孩子是打出来的，父母打孩子天经地义，因而对孩子动辄打骂。长此以往，孩子就会变得胆小、退缩、冷漠，或以攻击和敌意对待他人。有些父母发现孩子有劣迹或犯了错误，态度粗暴、非打即骂，使孩子产生了强烈的对立、逆反心理。

其实，打骂孩子只会让孩子表面上一时服从，但心里反感，甚至也会学着以打骂等方式对待别人。用这种方法，不但不能把孩子教育好，反而会伤害孩子的自尊心，使孩子养成自卑、胆小、孤僻、撒谎等不良性格。

美国哥伦比亚大学的汤普森·格尔肖夫博士搜集分析了多年的数据，以研究体罚管教对孩子的行为及其人生经历有着怎样的影响。

她的研究结果表明：体罚确实能让孩子很快遵守规则，但是从长远看，体罚对改善他们的行为效果并不好，还有可能会增加孩子的攻击性和反社会行为。尤其是频繁采用严重体罚作为主要的管教方式，会造成孩子一系列的心理问题，甚至还有反效果——打得越多，孩子的行为问题越严重。

更重要的一点是，体罚本身并不能教导孩子分辨是非对错。体罚只能使孩子害怕父母，父母在场的时候孩子可能按照父母的要求做；但是父母不在场的时候他们就会不守规矩。因此，打骂孩子是最坏的教育方法。

托尔斯泰说过："全部教育，或者说千分之九百九十九的教育都归到榜样上，归结到父母自己生活的端正和完美上。"可以说，父母的言传身教是家庭教育的必要条件。

苏霍姆林斯基有一句教育名言："父亲和母亲们，你们在孩子身上延续自己！"这句话提醒着父母们：一定要严格要求自己，要做到言传身教。孩子在父亲和母亲言行的潜移默化中启蒙成长，父母是什么样，孩子就会跟着学什么样。

的确，父母的一言一行，无不潜移默化地影响着孩子的成长。因此，父母日常生活中的言传身教，是家庭教育的重要教育方式。那么，父母如何做到言传身教呢？

1. 父母对孩子提出的要求，自己要先做到

父母是孩子最直接的模仿对象。父母要求孩子做到的，自己首先就应做到。父母要言行一致，处处严格要求自己，才有威信，才能掌握教

育的主动权，教育效果才能达到预期目标。

2. 父母要有进取心，不断加强自身修养

父母教育孩子，更多的是用自己的人格力量去影响孩子。父母通过自己的努力不断取得成绩，是对孩子最好的精神激励和最佳的行为示范。孩子会受父母的熏陶，保持积极进取的精神状态。这是孩子成长的最大动力。

3. 父母之间要和睦，教育理念要基本一致

在良好的家庭氛围中，孩子能体会到父母及其他家庭成员之间相互尊重、相互支持、相互理解的情感。这不仅对孩子养成爱护、尊重他人和乐于助人的良好行为具有潜移默化的作用，还有利于培养孩子建立良好的人际关系的能力。此外，父母还应保持教育理念基本一致，避免双方因教育方法不一致而发生激烈的冲突。

研究发现：父母经常打女儿，会造成女儿缺乏自尊、自爱和自信，在青春期容易出现早恋；父母经常打儿子，会造成儿子产生逆反心理，不愿服从社会规范，使其退缩、胆小，缺乏男子汉气概。

避雷针效应：及时疏导孩子的心理压力

8岁的玛丽生活在单亲家庭中，在她5岁的时候，爸爸和妈妈就已经分开了。有一次，玛丽在客厅里看电视，妈妈在做家务，可突然不知怎么了，玛丽跑到卧室来回走动着。妈妈发现后感觉有些不对劲，想上前问一问，但刚迈出步子又停了下来，心想：孩子怎么突然心理波动这么大？先观察观察再说。

“咚……”一个声音把站在门口的妈妈吓了一跳。玛丽把一个自己最喜欢的玩具扔在了地上，还不停地用脚踩。

妈妈不知道发生了什么事，就没有立即阻止玛丽，而是用温和的声音问：“宝贝，怎么了？可以跟妈妈说说吗？”

玛丽转身跑到妈妈身边，紧紧抱住妈妈哭了起来。妈妈也紧紧抱住玛丽，用手轻轻抚摸着孩子的头。过了一会儿，玛丽的情绪终于稳定了下来，对妈妈说：“刚才我看到电视上有个小朋友的爸爸不要他了，没有爸爸的小朋友会受到别人的欺负。”听到这里，妈妈心里也难过起来。

在成长过程中，孩子总有一些坏情绪，这些坏情绪如果没有处理好，可能会使孩子叛逆，让孩子一直处于坏情绪之中，甚至会导致他们出现一些心理问题。因此，父母要懂得应用“避雷针效应”及时疏导孩子的心理压力，让他们保持轻松愉快的心情，这样才能让他们健康快乐地成长。

那么，什么是“避雷针效应”呢？

避雷针最早由美国科学家富兰克林发明，他把一根数米长的细铁棒固定在被保护物的顶端，在铁棒与被保护物之间用绝缘体隔开，然后用一根导线与铁棒底端连接，再将导线与地下的泄流地网连接起来。可别小看这状如绣花针、貌不惊人的东西，它能把云层上的电荷从保护物上方引向自己，并安全地通过自己泄入大地，从而保证了被保护物的安全。从心理学上来讲，“避雷针效应”的寓意则是“善疏则通，能导必安”。

避雷针效应给父母的启示是：最好的教育方法是对心理压力进行疏导。孩子一天天长大，心里想的事情越来越多，但孩子的心理承受能力还不强，对逐渐增大的心理压力常常感到很无助。作为父母，应及时洞察孩子的情绪变化，做好孩子的“避雷针”，当发现孩子情绪低落或反常时，要及时引导孩子将不良情绪发泄出来。更重要的是，要看到情绪背后孩子的困难和需求，并且引导和帮助孩子解决这些问题，让孩子的心理得到健康发展。

1. 正确引导有逆反心理的孩子

对于有逆反心理的孩子，父母要给予孩子自由的空间，让孩子感受到父母是尊重自己的，然后再和孩子讨论该怎么做。当父母和孩子的意见不一致时，父母要控制好自己的情绪，不能让情绪控制自己的言行，否则，可能会因过激言行而伤害孩子，使孩子的逆反心理进一步强化。

2. 给孩子充分的话语权

父母在与孩子沟通时，要给孩子充分的话语权，不要有操纵孩子的企图，更不要想着让孩子根据自己的要求去做。另外，父母需要注意的是，要有足够的耐心倾听孩子的话，不要轻易打断或否定他们。

父亲：“嗨！璐璐，你在学校过得怎么样？”

璐璐：“还好啦。”

父亲：“只是还好吗？”

璐璐：“嗯，我数学考试考得不好，我都快要疯了……”

父亲（打断）：“璐璐，怎么搞的，我想你会好好准备这次考试的。你照我的建议去做了吗？好好想一想，璐璐。我想你的确没有为这次考试做好充分准备。”

璐璐心想：他好烦，以后我绝对不会再告诉他任何事情了。

案例中，璐璐的爸爸不但打断了她的话，还批评了她。璐璐的爸爸极有可能觉得自己是站在关心和爱的角度说这些话的，但这些话却让璐璐感觉自己受到了否定。

3. 允许孩子宣泄情感

当孩子遇到比较大的挫折时，有时会用哭泣来宣泄自己的情感。这时，父母切忌阻止孩子哭泣，更不能用打骂的方式来威胁孩子，因为这样会使孩子越来越悲伤，逐渐会对孩子的心理造成一定的负面影响。而等孩子哭完后，他的情绪就会慢慢平复，这样才有助于孩子的情感宣泄。

4. 允许孩子有沉默的权利

当孩子不愿谈心事的时候，父母应该尊重孩子，不要强迫他立刻说出来，而应给孩子时间，等到孩子主动想说的时候再倾听。

第四章　对着干？这样定规矩孩子最不抵触

逆反的孩子经常和父母对着干，比如，他们总耍赖皮，凡事都依着自己的性子来，动不动就和父母顶嘴，爱说谎话等，很多父母对这样的孩子没有办法。其实，当孩子和父母对着干时，父母有很多方法能应对。

“小赖皮”不听话，对付软磨硬泡有方法

很多父母很害怕带孩子出去玩，因为孩子在外面总爱耍赖皮，下面案例中的涵涵就是这样一个爱耍赖的孩子。

周末，妈妈带涵涵到朋友家去玩。下午该回家了，涵涵还没有玩够，他表示想再玩一小会儿。可是很长时间过去了，涵涵还是不想回家。妈妈拉起涵涵的小手想带他离开，这时涵涵一下子坐到了地上，就是不起来，表示如果能将飞机玩具带走，他就回家。涵涵在妈妈的朋友家直接就耍起了赖皮，弄得妈妈很没面子。

哭闹是孩子比较常见又比较擅长的威胁父母的把戏。孩子在超市、商场里，甚至是去串亲戚的时候，经常会又哭又闹，做出一些不合规矩的耍赖行为。

孩子出现耍赖、不听话的行为，不会是无缘无故的，背后一定有原因。因此，父母不要只是一味地责骂孩子，而要分析其背后的原因。通常情况下，孩子爱耍赖有以下几个方面的原因：

1. 表达能力有限

随着年龄的增长，孩子开始有自己的主见和想法，但是他的口语能力发展仍不成熟。当生理和心理的需求相违背，而且不能获得满足时，表达能力有限的孩子就会以哭闹的方式来表现。

2. 为了引起父母的关心和注意

当孩子乖巧听话的时候，父母可能会因为其他事而忽略了孩子。因此，当孩子发现耍赖、不听话可以得到父母更多的关注时，就可能一反常态，做出野蛮不讲理的举动，以引起父母的注意。

3. 以前耍赖尝到过甜头

当孩子耍赖时，最常见的就是以哭闹来表现。此时，父母如果因心疼或是管教方便而答应孩子的要求，那就可能向孩子传达一个错误的鼓励信息，使孩子认为只要自己哭闹，爸爸妈妈就会答应他的要求，进而他会愈发变本加厉地耍赖。

4. 受父母行为的影响

比如，当父母对看电视的孩子说“你还可以再看10分钟”时，最终他们得到的时间可能只有5分钟，也可能长达30分钟。这时，孩子意识到父母的立场并不那么坚定。

正确的教养方式对防止孩子养成“小赖皮”的坏习惯至关重要。当孩子耍赖时，父母可以按照以下方法来做：

1. 转移孩子的注意力

当孩子耍赖皮时，父母切忌强制性地压制孩子，不妨采取转移孩子注意力的方法。注意力转移后，孩子的情绪才能平息下来，此时父母应认真倾听并了解孩子在想什么、需要什么。

2. 家人一致进行冷处理

如果孩子一直耍赖皮，转移注意力也不行，那就采用冷处理。采用冷处理需要家庭所有人立场、态度保持一致，否则，孩子会更加赖皮。当孩子停止耍赖时，所有人都要一致给予表扬，让孩子意识到所有人都喜欢不赖皮的孩子。

3. 与孩子一起制定规则

对于孩子，父母不能无原则地给予，而要让他们知道凡事都要有节制，必须遵守一定的规则，不能没完没了地想怎么样就怎么样。父母可以与孩子一起制定规则，比如，家庭成员中的任何一个人发脾气时都得不到奖励，并会失去某一次机会。

需要注意的是，孩子耍赖后，父母要引导他进行反思。

父母应知道

对于耍赖的孩子，如果一味地给孩子定规矩，孩子可能并不能完全理解父母的良苦用心，甚至会觉得父母不爱自己。因此，适当的“热加工”也是必不可少的。比如，当发现孩子有悔改之意时，父母就应该用一颗宽容的心去对待孩子。这样能让他反思自己的错误，并学会遵守父母制定的规矩。

孩子任性，定一些规矩让他听话

一位妈妈这样抱怨她任性的孩子：

我的孩子思成今年6岁了，性格活泼、聪明伶俐，但最近不知怎么了，他变得特别任性，动不动就发脾气,谁说也不听。

有一次，思成在看电视节目，他的爸爸恰巧在接电话，我对思成说："把电视声音调小一些，你爸爸打电话呢，听不清楚。"他就像听不见一样。我又说了一遍，他就开始跟我顶嘴。我气得直接从他手里抢过遥控器，结果他一发不可收拾，跟我哭闹起来。

还有一次，午饭后一家人去逛超市。他一看见自己喜欢的东西，就缠着我非要买。我认为那些东西没有买的必要，便解释给他听，可他就是听不进去，还把想要的东西牢牢地攥在手里，哭着说"我就要，我就要"，惹得周围的人不停地看我们。

其实，孩子的任性心理不是天生的，大多是父母放纵的结果。法国教育家卢梭在《爱弥儿》中指出：“知道用什么办法能使你的孩子得到痛苦吗？这个方法就是百依百顺。”这话很值得我们反思。心理学上有一个“角色效应”，即如果一直把孩子当宠儿养，他就会觉得自己就是个宠儿，想怎么样就怎么样。因此，父母的随意迁就，无原则地满足孩子的无理需求，没有一定的生活规矩和行为规矩，是孩子形成任性个性的温床。

父母应当给孩子制定一些简单、明确的规矩，如待人接物的礼貌要求、作息时间的安排等。这些规矩可以使孩子明白自己并不能随心所欲，而应该受到一定的约束。规矩一旦制定，就要坚决执行，以此来规范孩子的行为。

但是，父母跟孩子定规矩时，一定要注意以下三点。

1. 父母与孩子要有眼神交流

当跟孩子说话时，父母不仅不能分神，还要学会吸引孩子的注意力。吸引孩子的注意力，很简单的一种方法就是叫孩子的名字。不过，叫孩子的名字不是隔着墙叫一声就行了，而是要与孩子进行眼神交流。比如，离孩子近一点再叫他的名字，或者你直接去他的房间，或者让他来你的房间。如果孩子还不理你，你可以主动走到他跟前，看着他的眼睛，然后对他说："看着我的眼睛。"

2. 告诉孩子应该怎么做

当父母告诉孩子应该怎么做时，需要牢记以下几个方面。

（1）说话时要有尊重的态度，口气要坚定。

许多父母在跟孩子说话时总用一种居高临下、愤怒、挖苦的语气，即使是无意的，孩子也能敏锐地察觉到。这会给孩子一种心理压力，让孩子也用同样的语气跟父母对话。因此，和孩子说话时，父母注意不要用容易被拒绝的方式，而是要用能引起他注意力的方式，以尊重的态度和坚定的口吻直接告诉他具体该怎么做。

（2）进行非语言交流时，要严肃、沉稳。

这里讲的非语言交流，主要是指姿势、手势、表情、语气及语速、音量等。比如，爸爸可以背着手站在孩子的面前，表情要严肃、正经，语气要坚决、沉稳。

越小的孩子，他对语言的理解能力和反应能力越有限，因此，父母

就需要通过非语言交流传达出威严。有研究表明，给婴儿观看同一个人不同面部的表情照片或视频，婴儿能准确无误地辨认出每一种情绪，并做出相应的回应。如果是笑脸，他们就会笑；是苦瓜脸，他们就会哭；是发怒的表情，他们就会回避。并且，这种试验在不同种族的婴儿身上的测试结果都完全一样。

（3）不要和孩子争执不休。

当告诉孩子该怎么做，孩子想讨价还价时，父母不必向孩子解释过多，只需要给孩子一个简明扼要的理由即可，不要重复规矩内容。

3. 静静地站在一旁看结果

当父母告诉了孩子该怎么做后，只需要站在一旁静静地看着孩子大概15秒。这样做的目的是给孩子施加一定的压力，促使他完成父母的要求。看着孩子时，如果他还没开始按要求做事情，或者一直噘着小嘴巴说“不”，父母也不要说话，继续看着孩子就行。

在这个过程中需要注意的是，父母一定不要大吼大叫，更不要挖苦、逼迫孩子，否则，只会激化父母与孩子之间的矛盾。

父母应知道

孩子不听话、发脾气，并不是为了惹父母生气，他们有以下原因：没办法按父母说的做，不知道具体应该怎么做，不知道为什么要听父母的话，认为不听话就能继续做自己想做的事情。

“小小年纪，怎么就会顶嘴了？”

很多父母对孩子是日日盼、夜夜盼，盼孩子快快长大，盼孩子聪明乖巧……可是让很多父母始料不及的是，不仅这些盼望没有实现，孩子还越来越会顶嘴了，越来越不尊重自己了。于是，很多家长困惑了：“小小年纪，怎么就会顶嘴了？”以前那个“言听计从”的乖宝宝到哪里去了？

小诗雨今年11岁，不知怎么回事，她最近总是爱和父母顶嘴。妈妈很苦恼，“孩子这么犟，总是顶撞人，该如何教育她呢？”

情景1：

小诗雨在看动画片，妈妈看到小诗雨离电视机太近，担心这样会影响视力，就提醒小诗雨：“你已经近视了，还这么不爱护眼睛！”没想到小诗雨脸色一变，很生气地喊道：“我就是不爱护眼睛！我的同学也是这

样看的！”

情景2：

妈妈让小诗雨帮忙洗菜，小诗雨在屋里就是不出来。妈妈批评小诗雨太懒，从来不帮忙做家务，小诗雨顶撞得更厉害了：“我哪里懒了？您看珍珍、馨馨她们都不用做家务，凭什么我就要做呢？”

类似这样的情形，想必很多家长也都遇到过。当父母试图将自己的想法以命令或批评的方式强加给孩子时，孩子的第一反应就是顶嘴，不服从管教。其实，这是孩子健康成长的标志，他们试图向父母传达一些信号——“我长大了”“爸爸妈妈，你们要以身作则”“快点注意我”“我的话是对的”“我就是喜欢闹”。

对于孩子顶嘴这一情况，父母要从孩子的角度出发，深入了解孩子顶嘴的原因，这样才能辨证施治、对症下药。

总结起来，孩子顶嘴的原因有：孩子的自我意识逐渐增强；父母没有树立正确的榜样；试探父母的底线，想知道父母对于自己的顶撞会做出什么样的反应；父母过于溺爱孩子；父母过于忽略孩子，孩子顶嘴，只是想引起父母的注意；父母总以权威自居，孩子想通过顶嘴来证明自己；孩子真的在胡搅蛮缠。

孩子爱顶嘴的原因是非常复杂的，可能是上述某一种原因所致，也可能是多种原因共同影响的结果。为了减少孩子的顶嘴现象，我们家长除了要注意自身的言行，给孩子做好榜样之外，还要注意如下几个方面。

1. 用心倾听孩子的想法

父母要知道孩子虽然小，但也会有自己的想法。当孩子顶嘴时，如果父母只是强硬地压制孩子的行为，而不进行疏导，那么反而有可能助长孩子的顶嘴行为。此时，父母要心平气和地把孩子拉到身边，抚摸着他的头，温柔地引导孩子说出他的理由。如果孩子的理由合理，父母应该尽量给予满足，并且时常鼓励、支持和帮助孩子完成自己想做的事。

2. 减少对孩子的溺爱

溺爱孩子实际上是在害孩子。父母不能对孩子一味地迁就，该讲原则的时候就要讲原则，不该让步的时候就不能让步。如果孩子不听话，明显是不讲道理地顶嘴胡闹，那么最好全家统一阵线都不理他，孤立他，让他承受后果；而当他变得讲道理、听话时，则要用鼓励的言行推动他的转变。

3. 让孩子体验任性的后果

如果孩子顶嘴仅仅是由于耍小性子，那么父母可以在不伤害其身心健康的情况下，让孩子体验耍小性子带来的后果，然后再引导他进

父母应知道

要想与爱顶嘴的孩子达成一致，父母可多用选择性的问题同孩子交流。比如“你愿意让我帮你穿衣服，还是自己穿？”采用这样的问话方式，孩子一般会选择第二种。因此，父母在选用选择性问句时，最好将内心期望的选择放在第二个问句上。

行反思，从而改变孩子顶嘴的行为。比如，孩子不肯穿衣服，那么先由着他的性子，等他感觉寒冷时再给他加衣服，并告诉他："你看吧，不听妈妈的话就是这样的后果。"

4. 营造民主氛围

为了让孩子把内心的话好好说出来，做父母的不能总是以权威自居。父母不妨在家里营造出足够的民主氛围，谁说得有理就听谁的，并且鼓励孩子随时讲出自己的感受，随时化解孩子的委屈。别怕你会没有威信，其实你越这样做，孩子越会理解和认同你。反之，如果总是以大压小，长期下去，反而可能导致孩子在日后形成较严重的逆反或逃避心理。

孩子爱说谎，找出原因再教育

大家知道童话故事里那个一说谎鼻子就会变长的匹诺曹吗？每次说谎后，他身边的人都会立刻察觉。在生活中，很多父母发现，孩子在成长过程中也变成了爱说谎的“匹诺曹”。下面案例中的娇娇就是这样一个孩子。

娇娇现在上幼儿园中班，她在妈妈眼里是一个可爱、听话的孩子。可是，有一天放学的时候，老师向妈妈反映了一个问题：娇娇学会撒谎了。

具体情况是这样的：那天中午，小朋友们都在吃午饭，大部分孩子都快吃完了。老师为了不让孩子吃凉的食物，对孩子们说：“今天我们班的大部分小朋友吃得都很快，吃完的小朋友，有小贴画奖励哦。吃得慢的小朋友，请快一点吃，否则，一会儿饭凉了，吃了容易肚子疼。”娇娇看见其他小朋友得到了小贴画，她也想要，但她碗里的饭还有好多。于是，她趁老师不注意的时候，把饭偷偷倒掉，机灵的老师还是用余光扫到了这一幕。

娇娇跑过去对老师说："老师，我吃完了。是不是要发小贴画了？"老师反问道："娇娇，你真的吃完了吗？说谎的小朋友老师可不喜欢哦。"娇娇点了点头说："真吃完了。"

妈妈听完后很生气，孩子这么小就学会撒谎了，这样的"坏孩子"以后怎么教育呢？

很多时候，父母会把"说谎"和"坏孩子"联系在一起，发现孩子说谎时会特别生气。事实上，说谎是孩子成长过程中的一个正常现象。甚至有心理学家认为，孩子天生就具有说谎的能力，任何年龄段的人，甚至包括刚出生的婴儿，也都拥有一些天生了解他人心理的能力。

德国儿童心理学家斯特恩经研究认为，儿童长到七八岁，都不能完全陈述事实，他们不是要欺骗谁，而是不知道自己在做什么，只是根据自己的需要夸大或扭曲现实。因此，从某种程度上来说，孩子爱撒谎并不是我们大人心目中的品质问题，而是孩子成长过程中心理发展的必经之路。

通常，孩子爱说谎的原因主要有：无意识的“说谎”；模仿父母；被贴上了“说谎”标签；害怕批评和惩罚等。

因此，请不要轻易将谎言与孩子的品质画等号。面对孩子的谎言，父母首先要冷静下来，认真分析孩子撒谎行为背后的真正原因，然后再选择正确有效的教育方法。

1. 要帮助孩子区分现实和想象

孩子说谎并非都是有意的，尤其是年龄小，想象力、创造力丰富的孩子，更易进行想象型撒谎。父母在日常生活中要注意告诉孩子什么是现实发生的，什么是想象的，让孩子逐渐把现实和想象区分开来。

2. 父母不说谎，孩子不模仿

身教胜于言传。当父母告诉孩子要说实话时，父母要反思自己是否给孩子树立了良好的榜样，并在此基础上规范自己的言行，认真履行承诺。许诺孩子的事情就要认真履行，如果不能兑现，要向孩子说明理由，取得孩子的理解。

3. 不要随意给孩子“贴标签”

孩子说谎往往并不是为了故意伤害他人，因此，父母不要轻易将孩子

的说谎行为与孩子的品质画等号，不能因为孩子的某一次谎言就给孩子定性，给孩子贴上“骗子”“谎话专家”等标签。这样做只会对孩子的说谎行为起到强化的消极作用，可能会促使孩子今后更加努力地说谎。

4. 放弃严厉与批评式教育

哲学家罗素曾说：“孩子不诚实几乎总是恐惧的结果。”美国著名儿童心理学家基诺特分析儿童说谎的原因时也说：“说谎是儿童因为害怕说实话挨骂而寻求的避难所。”孩子在有了一些基本的是非判断，发现自己做错事时，会本能地害怕随之而来的惩罚，特别是那些已经有过做错事被训斥、惩罚的经验的孩子。

教育的方式有很多，严厉的批评和惩罚是一种糟糕的方式。因此，父母在教育孩子时，要经常为孩子创造一种宽松的环境，多站在孩子的角度思考，这样孩子往往更能记住教训，认识到错误。

父母应知道

教育孩子不说谎，父母也可这样做：多聆听、多沟通。当孩子预期事情会有不良后果而说谎时，父母应多聆听孩子的心声，了解孩子的需要，从而制定更实际的规则。另外，一些孩子为了能够获得父母的关注，有时会用说谎的方式来表达。因此，平时父母应加强与孩子的沟通与互动，多了解孩子的想法，让孩子感受到父母对他的关爱。

死较劲的孩子，最忌硬碰硬

“较劲”是双方各不相让、互不服气，一定要比出高低的矛盾状态，与孩子的心理发展特点和父母的性格特点密切相关。

逆反期孩子的一大特点就是无理也要辩三分。如果孩子较劲，父母也跟着孩子较劲，就正好中了孩子的“圈套”，结果父母与孩子就会不知不觉地陷入“亲子之战”。

周末，外面淅淅沥沥地下着雨，涛涛想要出去玩，妈妈不让，因为涛涛感冒刚好。妈妈说：“外面下着雨，有点冷，要是着凉感冒了还得吃药打针，你不害怕吗?”“我才不怕！”涛涛边说边开门。妈妈赶紧把涛涛抱回来，涛涛在妈妈的怀里不停地踢打。妈妈生气地说：“不听话，妈妈不理你了！”涛涛趁机推开妈妈，跑到门口去开门，开不开就使劲拍门，边拍边喊：“开门！快点开门！”妈妈说：“我偏不给你开门，看咱俩谁厉害！”然后把涛涛抱到沙发上，在他屁股上打了两下，说：“再闹！再闹还揍！”涛涛哭叫得更厉害了，在地上打起滚来。见他哭得越来越厉害，妈妈只得过去哄他，但涛涛不听，继续哭闹……这个时候，涛涛的爸爸回来了，看到正在哭闹的涛涛，说：“你们母子俩真够闹腾的，涛涛，爸爸抱你到阳台上玩一会儿。”这样，一场“战争”才消停下来。

案例中“亲子之战”的爆发，源于涛涛与妈妈的需求不一致：涛涛想要出去玩，妈妈怕涛涛生病不让出去玩。他们不断较劲，于是，矛盾不断升级，引发了“亲子之战”。这时，涛涛爸爸的关注与陪伴让孩子得到意外的收获与惊喜，孩子是“胜利者”。

这种父母与孩子的硬碰硬会让孩子得出这样的结论：我和妈妈打了个平手，有时爸爸回来还送一个奖赏，这招不错。于是，“亲子之战”潜藏着循环危机。因此，父母面对死较劲的孩子，不能硬碰硬。

任何事情都有两面性，孩子的逆反心理也同样具有两面性。

研究结果表明：在对高反抗性和低反抗性儿童的追踪观察中，高反抗性一组中84%的人意志坚强、有主见，有独立分析和判断事物并做出决定的能力；而低反抗性一组中只有26%的孩子具备这种能力，大多数儿童遇事不能独立承担任务，做事优柔寡断。这使我们看到了“逆反”的另外一面。

面对孩子逆反的两面性，考验的是父母的智慧。逆反心理是孩子心理正常发展的表现，如果父母科学对待，对孩子的心理健康将大有益处；否则，将会为孩子的心理健康埋下隐患。

通常情况下，面对死较劲的孩子，父母可采取以退为进的策略，尽量避免与孩子硬碰硬地发生冲突，应抓住机会，通过引导、说服，使其顺利度过逆反期，这也是最有效的做法。

父母应知道

父母越是焦躁、恼怒地面对孩子，孩子的抵触情绪就越强烈，越想“以其人之道，还治其人之身”。这样，一场“亲子之战”就难以避免了。因此，为了保持冷静，父母在与孩子沟通之前，可以先做几次深呼吸，持续约一分钟，同时，心里可以这样暗示自己：我会保持冷静的，无论他做什么，我都不会发脾气。

不与孩子较劲、硬碰硬，并不意味着迁就孩子。如果这样，恰恰达到了孩子“较劲”的目的，孩子以后容易养成无理取闹、以自我为中心的坏毛病。因此，不要跟孩子直接较劲，而要间接地、有策略地引导孩子，帮孩子顺利地度过这个时期，这既会促进孩子自我意识很好地发展，又能让孩子学会与人和谐相处。

禁果效应：正确利用孩子的好奇心

孩子为什么总是和父母对着干？在解答这个问题前，我们先看下面这个案例。

调皮的小皮特现在越来越不听话了，比如，不让他吃太多的冰激凌，他非要闹着吃；不让他触摸热水器，他偏要摸，等到烫到手才罢休；不让他拿玻璃杯玩，他偏要玩。总之，妈妈禁止的事情他偏要做。

一次，该吃饭了，妈妈喊小皮特去洗手吃饭。然而，等了半天，他还在阳台上拿着一只玩具小鸭子玩水。妈妈一边拿毛巾给他擦手，一边说："要吃饭了，不能再玩了。"可是，小皮特抓着小鸭子和水盆就是不走，后来还把毛巾扔到地上。无奈，妈妈只好抱起小皮特，把他放到宝宝餐椅上，以为这样他就不会乱动了。

但事实正相反，妈妈把一碗鸡蛋汤端到小皮特面前，他不仅不老实地喝，还把汤故意倒到餐桌上，弄得到处都是。妈妈看到这样的情况，生气极了，然后就开始训斥他。小皮特不仅不听，还笑呵呵地继续肆无忌惮地捣乱。对此，妈妈非常苦恼，不知如何教育这样的孩子。

案例中，妈妈不希望小皮特做的事情，他偏要去做，而且妈妈批评和阻止的结果是越不让做的事情孩子越喜欢做。孩子的这种行为其实就是出于“禁果效应”心理，这与人的好奇心和逆反心有关。

禁果效应即越是被禁止的东西，人们对它就越好奇，越想得到。

无论做什么，孩子总是很喜欢跟父母“对着干”，其实这很正常，几乎每个孩子都会经历这么一段时期。父母不要误以为孩子这样做是在挑战父母的权威，其实这是孩子的自我意识正在发展，他们试图用反抗来证明自我。因此，教育孩子时，父母一定要注意不要总是想方设法阻止他的行为，以尽量避免禁果效应的发生。

因为孩子天生就具有强烈的好奇心，所以禁果效应在孩子身上尤其明显。父母强行禁止不如因势利导，合理的疏导加上正确的引导比强行禁止效果要好得多。

禁果效应是一把双刃剑，虽有消极的作用，但也有积极的作用。父母如果能巧妙、恰当地利用禁果效应，在处理某些事情时就会达到意想不到的良好效果。

宋朝的著名文学家苏洵有两个儿子——苏轼和苏辙。在小时候，他们都很顽皮，任何说服教育都无济于事。但是，苏洵并没有采用“棍棒教育”的办法强制教育孩子，而是巧妙地运用了禁果效应。每当孩子玩

要的时候，苏洵就躲在旮旯里读书，看到孩子来了，他就把书“藏”起来。两个孩子发现了这个情况之后，就以为父亲瞒着他们看什么好书。于是，他们趁父亲外出时，把书“偷”出来。慢慢地，他们就把读书当成了一种乐趣，从而步入了成才的正轨。后来，苏洵与苏轼、苏辙都被纳入“唐宋八大家”之列，世人称之为“三苏”。

在现实生活中，我们也可以像苏洵那样巧妙地利用禁果效应。

馨馨学了一年的电子琴就不想再学了，聪明的馨馨妈妈为了调动孩子的积极性，就买了一台高级电子琴放在自己的卧室内，不让孩子碰。

这下，馨馨急了：“妈妈，电子琴不是给我买的吗？为什么您不让我弹？”妈妈就故意激她说：“反正你也学不会，碰它干吗？”这时，馨馨大喊起来："谁说的！我一定会学会的！"从此以后，每当妈妈外出时，馨馨就会悄悄地去偷着弹琴。

总之，父母在教育孩子的时候，要懂得如何正确、有效地利用孩子的好奇心理，这样才能达到很好的教育效果，孩子也能按照父母的期望去学习。

第五章　厌学？不骄纵不惩罚，孩子零叛逆成长

孩子不想去学校，孩子写作业拖延，孩子上课不专注……归根结底，这些都是孩子缺乏学习动机的表现。父母只需点燃孩子的学习热情，就能让孩子在短时间内迅速升级为“学霸”。

“不想去学校”：读懂孩子的言外之意

很多父母都听过孩子吐露心声：“我不想上学。”其实大多数情况下，孩子说不想去学校，表达的不仅仅是字面意思，背后更可能隐藏着孩子对什么事情不满意，或者在什么事情上需要帮助等。如果父母能抓住蛛丝马迹，读懂孩子的言外之意，那这个问题就会迎刃而解。

朱竺今年9岁。有一天早上，他磨磨蹭蹭不肯起床，并对妈妈说：“妈妈，我肚子疼，想吐，今天我不想去学校了。”听到孩子说“肚子疼”“想吐”，妈妈由于担心他的健康，所以就让他请假在家休息。结果，之后孩子就经常找借口不去学校。

当孩子说“不想去学校”时，相信很多父母马上就开始担心“孩子在学校是不是受欺负了……”，或者认为孩子只是想逃学，而不去聆听孩子真正的心声。这时，父母需要做的是要仔细地、冷静地去思考孩子为什么“不想去学校”。

当孩子说“不想去学校”时，父母首先要关注孩子请假在家时的行为，具体可以参考以下三点来进行分析与处理。

1. 考虑孩子是否尝到过什么甜头

或许，孩子因为生病请过假，在家里尽情地玩过游戏，并且谁都没有批评过他，这就让孩子尝到了“甜头”。孩子觉得比起学校，待在家里会更开心，于是，会倾向于请假不去学校。

孩子说不想去学校，一般会找各种借口，如“肚子疼”“老师不好”等，因为，如果孩子直接对父母说“我想玩游戏，不想去上学”，父母肯定不会同意的。

2. 考虑孩子是否得到了更多的关注

实际上，孩子是非常希望父母关心和在乎自己的，也就是希望得到父母的关注，这不仅仅限于想要得到父母的表扬和认可。有些孩子宁愿受到批评，也想得到更多的关注。

因此，父母平时要多多陪陪孩子，下班回家尽量多抽出时间跟孩子玩游戏、讲故事等，满足孩子的心理需求。

3. 考虑孩子是不是在逃避和回避不喜欢的东西

在这种情况下，即使父母想要强行把孩子带到学校，孩子也非要赖在家里，或者快到学校时孩子就开始感到害怕。有时孩子虽然已经到了学校门口，可就是不进去。如果出现这些情况，就说明孩子真的是在逃避学校里不喜欢的东西或人等。这时，父母更应该关注孩子的举动，进行认真观察和分析。

当然，孩子也有可能故意假装害怕去学校，目的是想要在家玩游戏或想得到更多的关注。这时，妈妈可以对不想上学的孩子这样说：“那好，今天就休息一天。但是，你不能玩游戏、看电视，你要在自己房间里学习。”如果孩子真的接受了这些条件，就说明孩子很有可能是真的在逃避和回避去学校。父母应在放学后马上与学校取得联系，注意要尽可能冷静地处理这件事情。

另外，对于厌学情况很严重的孩子，必要的时候，父母要积极求助专业机构，如进行心理辅导、心理咨询、拓展训练等。

父母应知道

父母在平时要多与孩子进行沟通与交流，让孩子感受到父母对自己的关爱。这样，当孩子遇到任何问题时，都会想着和父母商量，可以预防和解决孩子在成长过程中遇到的各种问题。

孩子有作业拖延症，切忌不停催促

爱唠叨的杨洋妈妈滔滔不绝地说起自己女儿严重的拖延症。

每天放学后一直到睡觉前的这段时间，催促杨洋完成作业已经成为杨洋妈妈的例行公事，要知道这实在是一项很繁重的任务。杨洋写作业的时候，总是不能专心下来，磨磨蹭蹭，一会儿玩玩橡皮，一会儿玩玩铅笔，有时还望着窗外走神，杨洋妈妈催促说："别玩了，赶紧写作业！"杨洋好不容易写完了数学作业，要写英语作业了，可是她一想到大量的英语作业，手头的笔又停下了。杨洋妈妈见状又是一番催促："快点，动作怎么那么慢……"

杨洋妈妈每天不停地催促杨洋写作业，使杨洋感到很心烦，还患上了轻度的焦虑症。

其实，每个孩子在写作业时多多少少都会有拖延的现象，这也是父母几乎都会遇到的教育问题。如果教育方法不当，很有可能会加重孩子的拖延症。

因此，孩子写作业拖拉，父母不要操之过急，而要经常鼓励和引导孩子写作业不要拖延。下面提供几种方法，能轻松解决孩子的拖延症。

1. 对孩子多些正面评价，少说一些负面的话

如经常批评孩子“动作慢”“脑子笨”，虽然这些都是父母的气话，但时间长了孩子就会不自觉地接受这些负面评价，对自己产生过低的评

价，认为自己真的“很慢”“很笨”。因此，父母要经常鼓励孩子：“你做作业的时候只要不做其他事情，就一定会很快写完的。”

2. 在规定的时间内完成一定量的学习任务

给孩子记录他在单位时间内能写多少个字，能做几道题。然后，再给孩子展示一下他做完所有作业需要多长时间，结果会令孩子大吃一惊：原来我可以写得这么快呀！久而久之，孩子做作业的速度就提高了。

3. 让孩子认识到又快又好完成作业的好处

孩子又快又好完成了学习任务，那么，剩下的时间做什么呢？相信许多父母会额外给孩子增加学习任务，反正不能闲着。其实，这样做反而让孩子觉得：还不如写慢点，就不会有这么多任务了。因此，对于剩下的时间，父母最好让孩子做一些自己感兴趣的事情，让他认识到又快又好完成作业的好处。

4. 给孩子规定一个“最后时间”

有些孩子写作业会拖到很晚，睡眠不足，导致第二天上课无精打采，影响了学习。如此一来，会造成恶性循环。因此，父母要给孩子规定一个完成作业的最后时间，保证孩子充足的睡眠，比如，父母规定孩子晚上九点上床睡觉，要求孩子九点之前完成作业。如果到了九点，孩子还没完成作业，父母也要求他马上睡觉。孩子作业完不成，会受到老师的批评，他一被批评，下次就知道要抓紧时间写作业了。

5．父母焦虑不传递，培养乐观独立的孩子

父母应知道

严重的拖延症会对个体的身心健康带来消极影响，如出现强烈的自责情绪、负罪感，不断地自我否定、贬低，并伴有焦虑症、抑郁症等心理疾病。一旦孩子出现这种状态，就需要引起重视。

凡事拖延的孩子，往往有性格急躁、期望值高和控制欲强的父母。在教育孩子的过程中，这些父母总是在不断地“督促”和“强制”孩子完成规定的任务。而孩子又很无助，只能将拖拉作为无意识的隐性对抗语言，不断给自己心理暗示“我斗不过你，但是可以拖”，并由此强化自己的拖延行为。

面对拖延的孩子，父母往往把自己的焦虑转给了孩子，久而久之，对培养孩子独立的人格和乐观的性格没有益处。因此，父母要学会控制情绪，这样才能给孩子营造一个自由健康的成长环境。

总之，对于拖拉的孩子，父母一定要耐心地帮助孩子慢慢改正，不要操之过急。

孩子上课爱走神，培养好习惯来提升注意力

老师经常给家长们这样反映：孩子们总喜欢看着窗外，上课不专心听讲……北北就是这样的一个孩子。

北北是一名小学三年级的学生，他活泼好动，窗外有任何风吹草动都能够吸引他的注意。有一次，一只蝴蝶飞进教室里，他不顾课堂纪律，起身喊道："哇！蝴蝶。"并随之跑出教室。后来，老师把北北的这一举动告诉了北北的妈妈，北北被妈妈狠狠地批评了一番。

心理学的研究表明：2岁孩子的平均注意力时间为7分钟，4岁孩子的平均注意力时间为12分钟，5岁孩子的平均注意力时间为14分钟，7～10岁孩了的平均注意力时间为20分钟左右。注意力不集中是孩子成长中必然出现的问题，父母不必如临大敌，更不必横加指责。父母要耐心引导

并有意识地训练孩子，相信随着孩子年龄的增长，注意力集中的时间会越来越长，不良行为也会逐渐消失。

俄国教育学家乌申斯基曾说："注意是我们心灵的唯一门户，意识中的一切都必然经过它才能进来。"美国儿童教育家斯特娜夫人也曾说："孩子只有先形成一种专心的习惯，才有可能以后对自己的事业全身心投入，不会被其他事情所干扰。"因此，培养孩子专注的习惯，对孩子有重大的影响。

那么，父母应该如何提高孩子的注意力呢？

1. 消除干扰，营造安静的环境

环境对孩子的注意力有明显的影响，如果孩子正在学习，突然被其他声音或事情打扰，注意力很容易被分散。因此，父母最好不要打扰孩子，即使有重要事情也可以等到孩子完成作业后再说。另外，父母在孩子学习时，不要看电视、大声说笑、吵闹等，避免噪音。

2. 游戏是培养孩子注意力的好方式

在家庭和学校活动中，父母和老师要有意识地让孩子做一些他们感兴趣的游戏，使孩子在浓厚的兴趣中养成专注的好习惯。需要注意的是，孩子在玩游戏时常会全身心地投入进去，在其聚精会神时，父母和老师切不可随意打扰、干涉，因为此时不断地干扰孩子，不仅会使孩子玩得不开心，而且不利于他们养成做事专心致志的好习惯。

3. 每天抽出一定的时间训练孩子的注意力

父母每天可以抽出5～10分钟的时间训练孩子的注意力，比如，让孩子学射箭，提高孩子的视觉注意力。也可以用父母朗读孩子复述的训练法：在纸上写下一组数字，如“5823667410”，然后父母朗读，孩子复述。注意：当父母阅读时，速度不要太快，如果孩子能正确复述3组，可以增加1个数字；如果复述错误1次，则减去1个数字。如此坚持训练，孩子的注意力一定会有所提高。

4. 用积极的期望激励孩子

积极的期望是指父母相信孩子在学习上会越来越专心，越来越认真，并让孩子感受到父母的信任。这种方法运用的是心理学中的“期望心理实验”，即“罗森塔尔效应”。

1968年，美国著名心理学家罗森塔尔做过一个著名的试验。罗森塔尔和他的助手来到一所小学，进行了一项“未来发展趋势测验”，他们从1～6年级每个年级中各选3个班，并在这些学生中进行了一次“智力测试”。然后，他们递给老师一份名单，说：“这些学生是班里最具有进步潜力的学生。”8个月后，他们又回到这所小学，对名单上的学生进行复试，结果显示：那些学生的成绩有了较大进步，而且情感、性格较之前更为开朗，求知欲望更强，敢于发表自己的意见，与教师关系也特别融洽。后续跟踪调查发现，这些学生成年后都在自己的工作领域取得了巨大的成就。人们把这种现象称为“罗森塔尔效应”。

其实，这些学生只是他们随机挑选出来的。因为老师对学生抱有很高的期望，所以这些学生就朝着老师期望的方向发展了。因此，在孩子的教育方面，父母要以积极的态度引导孩子，这样孩子就会朝着积极的方向发展。

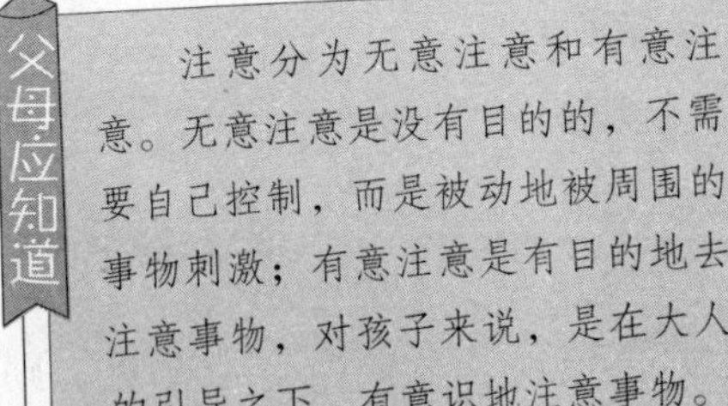
父母应知道

注意分为无意注意和有意注意。无意注意是没有目的的，不需要自己控制，而是被动地被周围的事物刺激；有意注意是有目的地去注意事物，对孩子来说，是在大人的引导之下，有意识地注意事物。

孩子缺乏学习热情，鼓励孩子提升自信

孩子不喜欢学习，对学习没有兴趣，只对玩感兴趣，这让很多父母对孩子的学习问题感到非常头疼。下面案例中的宇涵就是这样的一个孩子。

宇涵进入小学以后，成绩一直不太好。平常在家，一让他写作业，他就愁眉苦脸，一点精神都没有。可一旦做完作业，他马上就生龙活虎，精神得不得了。老师向宇涵的妈妈反映，说这孩子上课总是一副心不在焉的样子，还总是打盹，一下课却活力十足，跟同学又是打闹，又是玩球的。

其实，这是孩了缺乏学习热情的表现，如果继续这样，孩子的学习很难取得进步。但是，父母也不要太着急，这个阶段的孩子贪玩是很正

常的。鲁迅先生说过："玩具是儿童的天使。"可见孩子都是喜欢玩的，因为玩比学习有趣多了。可这也说明一个问题，就是孩子如果觉得学习没有吸引力，一点都不好玩，也就会没有学习热情，长期如此会严重影响孩子的学习成绩。

那么，作为父母，怎样做才能点燃孩子的学习热情呢？

1. 要循序渐进，切勿急功近利

现在的孩子，尤其是生活在城市里的孩子，从一生下来就品尝到了学习的苦头，婴儿教育、幼儿教育、小学教育……孩子一步步走过来，很多父母一味地让孩子学习、学习再学习。结果，孩子身上背负了太多的学习负担，从而失去了学习的兴趣和热情。

俗话说："一口吃不成胖子。"学习，更是要循序渐进，慢慢来，慢火煲出来的汤才最香。

2. 认真对待孩子的每一点进步

不少父母反映，孩子不愿意学习。其实，孩子之所以不愿意学习，是因为孩子长期没有从学习中得到成功感。因此，父母一定要把孩子的学习目标定得低一点，让孩子每天进步一点点，让孩子真切地看到自己的成功，体验到不断进步的愉悦心情。

另外，父母需要注意，和孩子沟通有关学习方面的问题时，要多用具体的词，如多掌握了一个词、多考了一分、上升了一个名次等来表达，这样孩子在学习上才能不断得到成功的体验，才能保持学习的热情。

3. 鼓励和肯定给孩子自信心

心理学研究发现，孩子对自己的看法和评价主要来自父母，一个经常得到父母鼓励和肯定的孩子往往表现得更有自信。比如，孩子考了班级倒数第一，这时，他最需要的是父母的鼓励。父母可以告诉孩子："孩子，考倒数第一只能说你暂时落后于其他同学，今后只要你努力就行，争取下次考试成绩超过你前面三位同学，我相信你有这个能力！"这样，孩子就会受到很大的鼓舞，会用加倍的努力来回报父母的理解和肯定。

4. 加强与教师的联系

父母一方面要利用家长会的形式，就共性问题与教师进行双向交流，以便沟通思想，相互配合；另一方面，要通过个别谈话方式，就个别问题与教师取得联系，找出病因，密切合作，将问题消灭在萌芽状态。

父母应知道

学习动机是学习成败的关键，动机强大的孩子，更懂得采用有效率的学习策略，能有较长时间记忆已经学过的内容，拥有学习的正向循环。

孩子逃学，冷静分析原因是关键

孩子的厌学情绪大多会很直接地通过一些外显行为表现出来，如无故旷课、逃学等。这些行为已经严重违反了校纪校规，带来的影响也是很恶劣的。

岩岩从小身体就很弱。一次，岩岩患了感冒，医生嘱咐家长要让孩子在家好好休息、好好养养，可是淘气的岩岩仍然和小朋友们踢足球，结果感冒加重了。岩岩妈妈不得不让岩岩在家继续休养。

一周后，岩岩的感冒好了，精神状态也恢复了。隔天早上，妈妈对岩岩说："宝贝，你的感冒已经好了，而且昨天我们说好今天上学。"妈妈一边把准备好的早餐端上来，一边说："赶快来吃早餐吧，吃完自己坐公交车去学校。"

岩岩刚上两天学就有些不愿意上了，原因是别的小朋友都不愿意和

他玩。终于，岩岩想出了一个逃学的理由，他先对老师撒谎，说自己的病还没好彻底，还是不舒服。他还告诉老师由于爸爸妈妈忙，让他自己转告老师，请两天假在家好好休息。就这样，老师相信了他的话，也没有和家长及时沟通，让岩岩“轻松地”逃学了。

逃学的第二天，岩岩的“铁杆”小伙伴告诉他，要进行期中考试了，让他赶紧准备考试。岩岩怕被妈妈发现，这才着急地回到学校。但最后老师还是发现了岩岩逃学的事情，并且把整件事情告诉了岩岩妈妈。

回到家后，生气的妈妈对岩岩说：“岩岩，告诉我为什么要逃学？你知道吗？你这样撒谎、逃学，妈妈真的很失望。”而岩岩逃学的理由是：学校的小伙伴们都远离他，不跟他一起玩。

逃学是很多孩子常见的一种比较严重的问题，也是孩子发泄情绪、逃避现实的一种表现。对于孩子逃学，很多父母都很困扰。其实，造成孩子逃学的原因有很多，可分为家庭因素、学校因素和社会因素。

（1）家庭因素：父母管教态度过严、放纵或溺爱，使孩子形成人格缺陷；家庭冲突严重、打骂责罚过度；父母期望过高，造成孩子产生心理压力；家庭经济困难，孩子心理自卑或辍学赚钱谋生。

（2）学校因素：教学方法枯燥、知识难懂、各种考试太多、升学压力过大；被同学恐吓、在班里与同学关系不好、被同学排斥或歧视；不喜欢任课教师、成绩不好经常被体罚、受到老师和同学的冷嘲热讽；学校规范过多无法适应、违规惩罚过于严厉等。

（3）社会因素：被行为不良伙伴引诱或胁迫；被恐吓勒索，以致不敢上学；沉溺于不正当的娱乐场所，无心向学等。

这些因素都可能会造成孩子心理上对学校的适应障碍，从而丧失上学的意志和愿望。如果父母和老师管教的方法不当，孩子还有可能离家出走。因此，对于逃课的孩子，父母要用科学的教育方法，尽快采取积极的措施，帮助孩子远离逃学的恶习。

1. 父母要多关注、陪伴孩子

一些父母陪在孩子身边的时间少，孩子多由爷爷奶奶看管，偶尔逃学一次父母也不知道，久而久之，孩子就逐渐养成了习惯。因此，父母要多关注、陪伴孩子，了解孩子的想法。

2. 用心倾听孩子的话，发现问题所在

父母发现孩子逃学后，一定要控制自己的情绪，耐心倾听孩子逃学的原因。孩子逃学的原因有很多，父母首先应该知道孩子为什么会逃学，然后有的放矢地去研究和解决问题，千万不要盲目地批评孩子，否则，会让孩子的叛逆心理更重，反而会起到负面作用。

3. 加强与老师的沟通

在学校，老师是最了解孩子情况的人，父母一定要多跟老师沟通，请老师从侧面多给孩子一定的关注和关心，让孩子感受到学校和集体的温暖。

4. 注意观察孩子交友的对象

常言道："近朱者赤，近墨者黑。"如果与孩子来往的都是一些爱逃课的学生，那么他们之间就容易互相影响。因此，父母要仔细观察孩子及其周围的同学，如果发现自己的孩子与别的孩子一起逃学，就应该与那些孩子的父母一起纠正孩子的逃学行为。

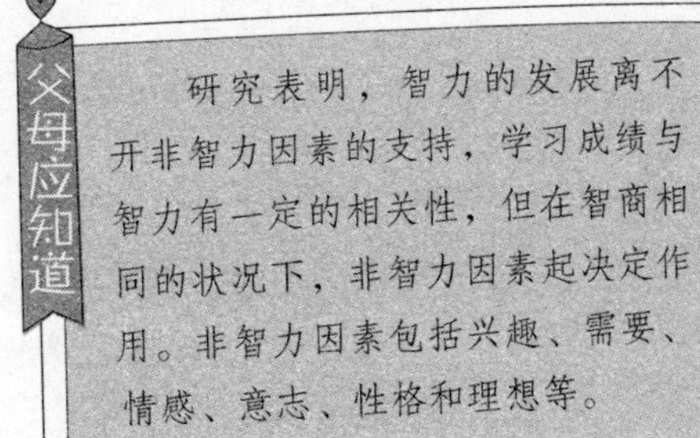

学习有进步，用具体的表扬鼓励孩子

丽贝卡是个很聪明的女孩，但是她一点也不自信。

周末，他们一群孩子在一起写作业的时候，丽贝卡总是会反复请教其他孩子作业中的问题。还有就是每次写完作业，她都要和其他孩子对比一下答案。她这样做的目的，无非是怕出错。

她在这群孩子中很少说话，每次都是静静地听别人谈天说地、滔滔不绝地讲。有人鼓励她和大家一起交流，她却说："我不是很懂，如果说错了，就太不好意思了。"

她妈妈一直抱怨丽贝卡这个孩子不爱说话又很自卑，有一次她对朋友说："这孩子这次又是95分，太粗心了！这孩子的脑瓜子就是比不上邻居家那个小女孩！"

案例中，丽贝卡的妈妈一边认为丽贝卡是个自卑的女孩，一边在做

着错误的事情，用批评的语言将孩子的自信一点一点毁掉。相信很多父母都希望能做对孩子有用的父母，可是很多时候，教育方式的不正确，反而导致结果和初衷南辕北辙。

心理学家罗森塔尔的一组长期跟踪试验证明：长期得到表扬、鼓励的孩子，面对生活的积极状态更明显，对发展的欲望更加强烈。表扬能改变一个人的行为，大人孩子都不例外。不管是谁，都不愿意接近总是批评自己的人，而是愿意跟总是赞美自己的人进行交流。

因此，父母应当学会表扬自己的孩子。具体来说，要注意以下几点：

1. 表扬不空洞

“孩子，你真棒!”“你真聪明！”电视上、生活里，这种最熟悉的夸奖语句，就跟人们见了面寒暄“吃了没”一样。表扬肯定比批评好得多，但一直以来，这些评价性表扬对增强孩子的自信心并不是特别有效，而且对孩子行为的改善也起不到促进作用。

如果父母总是夸孩子“你真聪明”，就会让孩子不自觉地认为一切成功和失败都取决于“天生的聪明与否”，这会导致孩子要么自负，要么自卑，甚至为了延续自己的“聪明”而逃避能带来更多成长的经历。

表扬没有错，但是如果父母给的是这种空洞的表扬，鼓励的效果往往与设想背道而驰。

2. 全能表扬，不如给孩子发“单项奖”

父母经常说“你真棒”这样全能的表扬，不如研究一下孩子的特点，找“单项”夸他，跟他产生共鸣，也就是需要父母多用具体的言语描述欣赏孩子的哪一点。这种具体的表扬称为“描述性表扬”。

父母在使用描述性表扬时，需要认真观察孩子的每一个过程，发现孩子优秀的一面，即使孩子不能尽善尽美，也要把事实描述出来。如果父母说的是事实，孩子会发现很难去反驳或者与父母争论，甚至会非常同意你说的话。这种能够引起父母与孩子共鸣的描述性表扬，会使多数孩子被激励，从而增强孩子的自信，并使其乐意朝着父母所鼓励的方向发展。比如以下表扬方法。

（1）你可以这样表扬孩子的进步：

“你今天上学没有落下一样东西哦。你整理东西越来越有条理了。”

“你能自觉地去学习，我真为你高兴。”

“你这个‘g’读得很标准，可以很容易与‘j’的发音区别开来。”

“你还记得把时间写上去，真乖！”

（2）你可以这样表扬孩子的努力：

父母应知道

通常心理学家把表扬分为3种类型：第一种是个人趋向的表扬，即父母对孩子做出一种整体性的判断，强调他个人的能力；第二种是过程趋向的表扬，即孩子在完成某一任务或从事某一行为的过程中，对他所付出的努力程度或所运用的方法进行评价，强调他的努力；第三种是结果趋向的表扬，即父母对孩子某种行为的结果进行反馈和评价，强调他的成绩。

“虽然你从来没学过这些新知识，但你总是懂得去探索。你这种自学精神让我感觉你很棒。”

“理解这个问题对你来说比较困难，但你一直在思考，你真是个不轻言放弃的孩子。”

知识链接

超限效应：教育孩子要合理

“跟你说了多少遍了，为什么你就是不听呢？”“你要在同一个坑里跌倒多少次，才能长点记性啊？”这些话大家是不是很熟悉呢？在家庭教育中，当孩子在同一个问题上屡次犯错误时，不少父母总是一次又一次地朝孩子怒吼，或在孩子的耳边“念经”，认为这样就可以起到警示作用，就可以改变孩子的一些行为，而实际上，总是事与愿违。

马克是个很调皮的孩子。每天放学回来后，他就跑去小区广场和小朋友们一起玩耍，而且经常忘记回家吃饭。一开始的时候，妈妈很不高兴，往往都是把马克揪回家。马克对妈妈的这种行为很不耐烦，因为他经常被妈妈揪回家，许多小朋友都不愿意和他一起玩了。后来妈妈再去找马克，他就偷偷地躲起来，还让小伙伴们骗妈妈说，他已经回家了。等妈妈走后，马克又跑出来继续和小朋友们一起玩耍。

显然，案例中马克的妈妈在教育方法上出现了问题。妈妈的这种经常揪马克回家的行为不但没有起到积极的作用，反而让马克很反感，产生了逆反心理。这就是我们接下来要讲的“超限效应”。

有一次，美国著名作家马克·吐温在教堂听牧师演讲。刚开始，他觉得牧师讲得很好，让人很感动，于是准备捐款。10分钟过后，牧师还没有讲完，马克·吐温有点不耐烦了，决定只捐些零钱。又过了10分钟，牧师还没有讲完，于是他决定一分钱也不捐。最后，等到牧师结束了冗长的演讲开始募捐时，由于气愤，马克·吐温不仅没有捐钱，还从盘子里拿了2美元。

这种刺激过多、过强和作用时间过久而引起心理极不耐烦或反抗的心理现象，被称为“超限效应”。超限效应在家庭教育中时常发生。那么，父母应该如何避免超限效应，从而达到所期待的教育效果呢？

1. 给孩子布置的任务要简单、具体

父母给孩子布置的任务一定要简单、具体。比如，父母一开始就要表明“我只讲一点”，这样会让孩子感到轻松又容易完成任务。如果布置的内容太多，无论多么好的意见，孩子从一开始就不想认真地听。

2. 注重激励过程，而不是比较结果

如果父母在家庭教育中，肯定孩子付出努力的过程，就能充分发掘孩子身上的闪光点。这不仅能够拉近亲子之间的心理距离，营造一种能够彼此容纳、沟通的氛围，还能使孩子更容易接受父母的教育。

3. 批评要针对事情，表扬要具体、可信

父母对孩子进行批评时，一定要针对事情而不要针对孩子。因为有时孩子做事的动机和愿望是好的，只是做事的方式方法不当。

表扬孩子时要善用描述性表扬，也就是用具体的言语描述欣赏孩子的哪一点。比如，“你回家的路上都是自己背书包！”

4. 比较级的说法，孩子更愿意接受

有时父母对孩子没信心完成的事情，可以先指出其中一处做得好的地方进行表扬，然后说：“这个地方，如果这样做会更好一些。”使用这种比较级说法，会使孩子容易接受更高的要求。

> **父母应知道**
>
> 对于孩子所犯的错误，父母不要抓着不放，总是不厌其烦地教训、批评孩子。对于错误，只批评一次就够了。无论父母的出发点是多么正确，多么为孩子着想，一旦触发了超限效应，在孩子那里肯定得不到正面的回馈，容易让孩子产生逆反心理。

第六章　太霸道？鼓励孩子学会分享是关键

有些孩子喜欢与他人交往，但是并没有准备好迎接各种新关系，因为他们总是表现得霸道、不懂得分享、自我、没有秩序感等。长期下去，孩子以后的社交就会受到阻碍。因此，父母要循序渐进地鼓励孩子学会分享。

霸道孩子不受喜爱，别让孩子孤独成长

相信不少父母经常会遇到以下情景。

情景1：孩子在吃饭时，如果正好看到电视里播放着他喜爱的动画片，他总是要求到电视机前的茶几边，一边看电视一边吃饭。妈妈苦口婆心地解释不能边吃饭边看电视的原因，他却一个劲地说："我就是要边看电视边吃饭，不然我就不吃饭了！"

情景2：很多小区都有供小朋友们玩的秋千，孩子坐上一个秋千，喜欢把另外一个秋千的小吊绳也揣在手里，两个秋千都霸占着，别的小朋友要玩时，他就尖叫着不肯让其他孩子碰，通常会惹来周围孩子的一片哭声。

情景3：很多孩子不让别人碰他的玩具，就连他已经不会玩的旧玩具，一见妈妈拿给小朋友，他也会哇哇大哭。

孩子的霸道行为是他成长过程中的必经阶段，通常父母对霸道的孩子是又头疼又顺从。但是，这种霸道行为对孩子的健康成长并没有好处，时间久了，周围的同伴会慢慢远离霸道的孩子，不再愿意和他玩。

父母首先要弄清孩子变得霸道的原因，以采取更好的解决办法纠正孩子的霸道行为。常见的原因如下。

1. 孩子天生气质所致

每个孩子天生的气质和个性都不同，有些孩子的气质类型属于胆汁质，他们容易在困难和挫折面前表现出鲁莽、冲动以及易怒的情绪，而正是这种情绪间接导致孩子霸道行为的出现。

2. 自我意识强烈

有的孩子自我意识很强烈，他们个性独立，什么事情都喜欢以自我为中心，尤其是在集体中，他们希望别人能够服从自己、一切都听自己的，当这种欲望变得更加强烈时，就容易产生霸道的行为。

3. 家庭环境的影响

有的孩子生活在缺乏温暖的家庭环境中，父母常常使用强制的手段来压制孩子，孩子也多会模仿父母的行为，凭借自己个高力大或其他优势条件就霸道蛮横，强迫别人按照自己的意图行事。有的孩子生活在没有民主氛围的家庭中，没有应有的自主权，在这种环境下成长的孩子，在与人相处的过程中可能会把受压抑的情绪发泄到伙伴身上。

一旦孩子的霸道行为得逞，他就可能会形成这样的认识：一切都可以用武力征服。

4. 家人溺爱的结果

现在的孩子大都是独生子女，从孩子出生的那一刻起就是家里的“小太阳”，因此，不论是物质的还是精神的，只要孩子需要，父母就一定竭尽全力去满足。时间久了，孩子就会在心中自然而然地形成一种“只要我想要的，我都能得到”的概念。在家里是小公主或者小皇帝的人，在外面自然也会以一种高高在上的姿态示人。

5. 缺少与同伴交往的机会

现实生活中，因父母忙于工作，大多数时间孩子都是由祖父母或外祖父母照料，即使父母有时间，他们也总是拘着自己的孩子，使孩子缺少与同伴交往的机会。这样，孩子不知如何与人相处，不会与别人分享，自然变得越来越自私、霸道。

另外，霸道孩子通常会有以下表现：

孩子会执着于他要的东西或是想要做的事情，也就是他要什么就要有什么。

有的孩子会执着于某一件事的程序，对别人的意见不加以领会和关注。

有些孩子要别人做的事情别人一定要做，例如，要父母帮他搭积木，无论父母多忙，都必须陪他完成。

有的孩子则是遇事不如自己的意，便会采用大哭大闹的方式来表达。

有的孩子霸占别人的玩具，或者不肯分享自己的玩具给别人。

父母应知道

一般而言，两三岁的孩子就能在父母的引导下学习为他人着想，表现出谦让，父母不妨从此时开始逐渐把“好东西要和好朋友分享”的观念传授给孩子，并使孩子懂得合作和谦让的重要性，不能唯我独尊。2~6岁，可以被看作是培养孩子分享意识的关键期。

“不给，我就抢”：纠正“儿童独占症”

如今，每个孩子都是家中的宝贝。孩子需要什么，父母都会尽力去满足孩子，可是，遇到孩子“欲求不满”，总喜欢抢别的孩子的东西玩的时候，你是否会感觉到头痛呢？

周末，妈妈带着龙龙到小区广场玩。龙龙一到广场就特别高兴，因为他可以和邻居家的浩浩玩了。这边龙龙和浩浩玩得高兴，那边妈妈们正在聊天。可是，一会儿就传来两个孩子的哭闹声，妈妈们看着两个孩子哭闹，只得哄了龙龙又哄浩浩。

原来，龙龙又把浩浩的小电动车抢走了。自己有玩具不玩，却偏抢别人的。

在家里，龙龙这种“霸道”行为更是不得了。妈妈说，龙龙特别喜欢吃零食，不管自己买什么好吃的，龙龙见到以后就立马说：“都是我的，你们不许吃。”如果大人吃了，龙龙还会义正词严地说：“你都是大人了，怎么还跟小孩抢东西吃？”妈妈觉得，这样发展下去，孩子长大以后肯定会变得特别自私。

相信很多妈妈都遇到过像龙龙这样的孩子，明明自己有玩具，但还是要抢别的小朋友的玩具，如果达不到自己的目的，就大哭大闹。对于这样的孩子，许多父母都会觉得孩子既霸道又自私，并感到很头疼。

那么，孩子在这个阶段出现这样的状况，父母如何去教育呢？

1. 建立民主的家庭氛围

从现在开始，试着全家人一起商议事情，形成民主的气氛，并让孩子也积极参与进来，做出一致的决定。这会给孩子灌输这样一种观念：家里的东西是全家人共享的，而不是自己一个人的，所有的事情都是全家人一起讨论的，自己说了不算。

2. 帮助孩子认识规则

父母要告诉孩子，他人的东西不能抢，如果想要玩，可以和他人商量，得到允许后才能玩。比如，父母可以和孩子约定，如果抢别人的玩具一次，就没收他一件玩具，这样有利于孩子形成规则意识。

3. 教孩子学会与人分享

给孩子创造交往的机会，让他多和同伴一起玩耍，在这个过程中慢慢学会分享，而不要一直在家里“称王称霸”。比如，父母可以试着让孩子做一回小哥哥、小姐姐，鼓励他照顾小弟弟和小妹妹。相信孩子经历了照顾他人的过程，霸道行为一定会有所减少的。

4. 教孩子合理的方法

如果孩子想玩其他孩子的玩具，父母可以告诉他采用合理的方法。比如，教孩子学会与人商量，在别人不玩的时候可以借给自己玩一下；也可以让孩子与其他孩子商量互换玩具。

5. 冷处理，不予理睬

当孩子无礼，父母婉言相劝仍然无效时，父母可以把孩子放在一个安静的无人区域中，但要在父母视线范围内，不理孩子的哭闹行为，并且在不会使孩子太难堪的情形下，坚决采取这种冷处理的做法。等孩子的情绪稳定后，再尝试与孩子沟通，并且告诉他不能霸道的理由，让孩子慢慢了解自己的霸道行为是不对的。

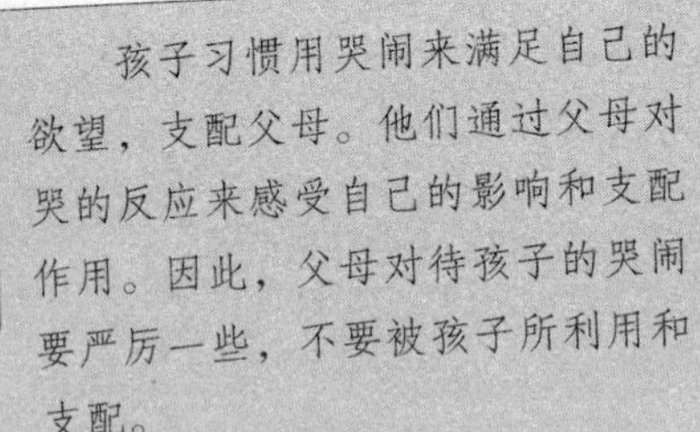
父母应知道

孩子习惯用哭闹来满足自己的欲望，支配父母。他们通过父母对哭的反应来感受自己的影响和支配作用。因此，父母对待孩子的哭闹要严厉一些，不要被孩子所利用和支配。

“就是不给你吃”：懂得分享才会快乐成长

分享是孩子在人际交往中需要获得的一种意识、一种能力、一种品质，也是每个人都需要具备的一种美德、一种责任。学会分享是孩子成长发展中的一个重要的里程碑。

但是，很多孩子对自己的东西都怀有强烈的占有欲，不愿将自己的东西分享给其他人。一旦孩子走出家门，如果仍然不懂得分享，就会在与人交往中碰壁。

3岁的佳佳很霸道，总是把自己放在第一位，只要是她喜欢的东西，别人谁都不许碰。佳佳的霸道让妈妈很头疼，却又束手无策。

周末，邻居带着孩子彤彤来家里玩。妈妈拿出许多小饼干给彤彤吃，佳佳看到了，非常利索地将所有饼干都收起来并藏到自己的房间。之后，妈妈训斥了佳佳，可她仍然很霸道，还噘起嘴嘟囔着。妈妈只好又拿出一些水果给彤彤吃，虽然这些水果佳佳不太喜欢吃，但她还是不愿意，硬是从彤彤的手里把水果抢了过来。妈妈见到后无奈又气愤，对佳佳说："你这样不懂得分享，真是个小气鬼！"

在幼儿园里，佳佳也是出了名的霸道。一天下午，妈妈接佳佳放学，班主任向妈妈反映说："佳佳特别霸道，哪个小朋友给她好吃的，她才和人家玩。不然，她不仅不和对方一起玩，还不让其他小朋友和对方一起玩。还有幼儿园里的公共设施她也霸占着，谁和她玩，她才让谁玩那些公共设施。今天班里的浩浩就是因为佳佳不让他玩滑梯而哭了半天。"

对于佳佳的霸道行为，妈妈已经说过她许多次，要懂得与小朋友分享，可是根本没有任何效果。

孩子不懂得分享，不懂得拓展良好的人际关系，往往会让妈妈觉得既尴尬又生气，认为孩子小气、自私，同时也担心孩子在以后的待人处世中能力不足。其实，教孩子学会分享是要有个过程的。3岁的孩子没有所有权的概念，他的东西是他的，别人的东西也是他的，他的东西就不能给别人。而且这时孩子的心理发展水平还处于以自我为中心的阶段，因而不愿意与人分享。

孩子的分享行为并非天生，而是通过后天的教育和引导逐渐形成的。因此，在孩子的成长过程中，父母有义不容辞的责任去培养孩子的分享品质。父母可以利用以下方法培养孩子的分享品质。

1. 在家庭中为孩子创设良好的分享氛围

家庭是孩子的第一所学校，父母是孩子的第一任教师。家庭教育对孩子的教育是最早的，也是时间最长的。因此，孩子分享品质的养成，家庭环境发挥着十分重要的作用。这就需要家里的每一个成员多方位与孩子沟通，充分发挥分享教育的资源优势，为孩子创设有利于其分享品质形成的良好氛围。

2. 给孩子分享的实践机会

在生活中，父母应多为孩子创造、提供与同伴分享物品的机会，让孩子在实践中学会分享。比如，父母可以利用节假日、过生日等机会，让孩子与同伴一起玩耍，并鼓励孩子拿出自己心爱的玩具，让他体验与别人一起玩自己的玩具的快乐。

3. 利用同伴的榜样作用

同伴的榜样最现实、最有效。我国著名的儿童心理学家陈鹤琴先生早就提出：以儿童教育儿童是儿童教育的一种有效方式。随着孩子身心的迅速成长，他们的好奇心、求知欲也日益增加，但其道德认知水

父母应知道

分享是发自内心的、是感到快乐的，切忌强迫性分享。孩子只有从自己的分享行为里感受到自己带给他人的快乐，以及因他人快乐而带给自己的快乐，这种分享行为才是真正意义上的分享行为，孩了才能真正建立起健康的分享意识。

平和道德感还比较弱，对于分享行为的重要性认识不足。因此，父母要善于发现同伴中有良好分享行为的好典型，并对其进行表扬和鼓励，从而引导、激发孩子去模仿和学习。

4. 利用游戏让孩子学会分享

喜欢玩游戏是孩子的天性，父母要善于将教育融入游戏之中，让他们在游戏中感受那些抽象的道理，学会分享。

“这不是我的错”：父母先认错，孩子就会跟着认错

多多是一个7岁的小女孩，脾气很倔强。前两天，妈妈接多多放学回家时，班主任告诉妈妈“多多今天没有按照要求写字”。回到家里，妈妈问她在学校为什么不写字，多多没有吭声。见状，妈妈告诉她只要说出原因就不会责怪她，可是多多仍然一句话也不说。最后，妈妈不得不采取极端的方式，逼迫她把在学校没写的字再写一遍。多多只好硬着头皮，磨蹭着用了很长时间才写完。

妈妈很头疼，因为每次多多做错事情之后，都不会主动承认错误，妈妈不知道应该怎么教育这个倔强的孩子。

父母首先要了解孩子，弄清孩子不肯认错的原因。接下来，我们一起了解一下孩子不肯认错的原因。

1. 孩子没有看到父母认错

父母常常要求孩子认错，但父母是否也可以做到有错就认呢？大多数父母认为就算自己错了，也没有必要认错，更何况是在孩子面前认错呢？于是，我们经常听到这样的争论。

孩子：“这是我辛苦做的拼图，您一下子就把它弄乱了。”

妈妈：“我又不是故意的，你再重新拼就是啦。”

孩子：“明明就是您不对！”

妈妈：“妈妈哪里不对啦？还不是急着给你做饭，不小心碰到弄乱了吗？你真是一点都不体谅我！”

孩子看到不认错的父母，自己自然也不会认错。

2. 孩子因害怕不愿认错

孩子在做错事情以后，非常害怕父母的批评和惩罚。为了逃避批评和惩罚，孩子就会逐渐形成明知做错了事也不承认错误的习惯。

3. 孩子根本不知道自己错在哪里

比如，当父母发现孩子把自己的重要东西弄坏了时，父母就会逼迫孩子认错，可孩子根本不知道自己错在哪里。因为家里的各种东西在孩子眼里都是玩具，尤其是在父母没有对孩子说清楚什么不可以玩且没有把重要的东西收起来的情况下。

4. 孩子听不懂父母说的话

学龄前孩子的语言理解能力和表达能力都是有限的。当父母看见孩子做的“好事”时，往往会变得很生气。但对于那些孩子来说，他们其实并没有听懂父母说的话，也不知道父母生气是因为自己做错事，当然就不会认错了。

5. 父母没有给孩子解释的机会

由于父母并没有看见孩子的整个行为过程，所以孩子犯错的原因有时并不像父母所想的那样。比如，父母看到两个孩子打架，没有听孩子的解释就开始训斥孩子，并要求他向对方道歉，这时孩子会因为心里不服气而不愿认错。

面对孩子做错事而又不愿承认错误的行为，父母要怎样纠正孩子的错误，才能让他更乐意接受正确的做法呢？

1. 父母要先承认自己的错误

父母是孩子学习的榜样。随着孩子的年龄增长，他们会通过模仿身边亲密且重要的人来学会一些行为。父母的榜样作用，不仅表现在好的行为方面，在不好的行为方面，也是孩子模仿的对象。因此，父母要先主动承认错误（即使孩子应该承担更多的责任），孩子才会跟着认错。

2. 弥补错误并真诚道歉

如果有人因为孩子的言行而受到身体上或心理上的伤害，孩子需要道歉，同时，也可以做一些事情来弥补。如果是父母犯了错，同样要道歉，这样才会给孩子做出表率。

父母应知道

注意一：每次一定要只处理一个错误，因为如果不断牵扯出更多的错误，可能会让孩子产生抵触心理，那么，孩子也就不容易主动认错了。

注意二：如果孩子给了父母一个正面的回答，父母要用描述性赞扬认可孩子；如果不赞扬孩子，他以后会更难承认错误。

3. 让孩子吸取教训，避免再犯同类错误

弥补过失之后，父母要不失时机地利用这个机会，让孩子“吃一堑，长一智”，避免以后再犯同类错误。为了避免孩子以后再犯同样的错误，最好的办法是提出建议而不是惩罚孩子。

4. 过去的错误要既往不咎

当父母处理完孩子的错误后，一定要把它抛到脑后。过去的事情没有必要再提，否则，不仅会让孩子感到厌烦，也会伤害他的自尊心。

“要玩这个玩具，请排队”：培养孩子的秩序感

如果很多孩子想要玩同一个玩具，怎么办？通常霸道的孩子就会直接抢。对于这样的孩子，父母该怎样做呢？

周末，几位妈妈带着各自的孩子在小区广场玩。这时，壮壮的妈妈从背包里拿出了一个新玩具，孩子们兴奋极了，都想拿过来玩一玩。可是这个玩具只有一个，每个孩子都想玩，怎么办呢？孩子们都争先恐后地嚷嚷着：“我要先玩！我要先玩！”一边动手抢一边喊，很快就闹得不愉快了。

这时，东东的妈妈灵机一动，趁机说了一句：“要玩这个玩具，请先排队哟。”

东东立马说道：“排队喽，排队喽。”其他孩子也都附和起来说：“排队，排队啦。”

壮壮说："那就按我们学校里那样按照从矮到高的顺序来排吧。"于是，孩子们很快排成了一排，最小的孩子先玩，每人玩五分钟后传给后面的孩子……孩子们都遵守了这样的规定。

原本吵闹成一团的状况没有了，孩子们一个接一个，有序地玩起来了。妈妈们也轻松了不少。

其实，对于孩子们的无序状态，大多数只要像案例中东东的妈妈那样给孩子设立一个规定，或建立一个秩序，孩子就会很乐意去遵守，那么问题也就迎刃而解了。但是，父母要知道，秩序的背后是孩子习惯的养成，给孩子提供一个适宜的环境，帮助孩子养成良好的生活习惯和学习习惯，是孩子成长的基础。

那么，父母如何培养孩子守秩序的好习惯呢？

1. 给孩子创造有序的生活环境

给孩子创造有序的生活环境，是培养孩子秩序感的前提。有序的生活环境包括：规律的作息，和睦的家庭氛围，整洁有序的家庭环境。其中，父母要耐心培养孩子归置物品的技能，鼓励他自己动手收拾玩具、图书等。

2. 从小事入手，培养孩子的秩序感

父母需注重日常生活中的细节，从小事入手培养孩子的秩序感。例如，进门后要求孩子换鞋，并将鞋子摆放整齐；带孩子参加集体活动

时，让孩子在与他人相处的过程中形成规则意识，如玩滑梯时，要求孩子自觉排队，有先有后，不推不挤等 。

3. 在公共场所培养孩子的秩序感

在公共场所，父母在以身作则的同时，还要向孩子讲解有关公共场所的规定，让他懂得社会生活中存在着各种规则，遵守规则是光荣的，而违反规则则是不道德的。比如，乘坐公共汽车要先下后上、文明礼让；游览公园不要攀折花木、践踏草坪；观看电影不可乱扔果核、大声喧哗等。

父母应知道

美国社会心理学研究显示：2～4岁的儿童如果有着良好的生活秩序习惯，他们6岁之后，在人际交往中会表现出自如与和谐。儿童2～4岁是个体秩序感发生发展的敏感期，父母要顺应儿童与生俱来的秩序感，培养孩子有序、合理的生活习惯，让他在自己喜欢的环境中快乐生活。

最后，需要父母注意的是，强调秩序并不意味着将孩子限定在一个固定的空间和环境里。孩子成长的过程，是不断拓展自己的视野的过程，也是一个秩序不断被打破而重新建立新秩序的过程。

蝴蝶效应：教育孩子从细节入手

很多父母都认为小孩子犯不了什么大错，因而往往对孩子“惹”出的小麻烦采取睁一只眼闭一只眼，得过且过的态度。有的父母认为孩子的小错误好玩，还有的父母认为“树大自然直”，孩子大了就好了。这种教育方式真的正确吗？

一次，东东因调皮捣蛋把邻居孩子的玩具弄坏了，爸爸得知后，没有责骂，也没有包庇，而是很坚定地要求东东去找邻居孩子，给对方道歉，并且让东东用自己的零用钱买个新的玩具给对方。东东感到很害怕，恳求爸爸原谅自己，让爸爸去道歉，但是爸爸并没有因为东东的求饶而放弃教育孩子学会做人的原则。最终，在爸爸的坚持下，东东带着新玩具，鼓足勇气，向对方承认了自己的错误，并得到了邻居孩子的原谅。

案例中东东的爸爸的教育方式是正确的。对于教育孩子，任何事情都不是小事，再小的事，如果父母引导不到位，最终都有可能会酿成大祸，影响孩子的一生。人们常说："孩子的教育，三岁看大，七岁看老。"因此，当发现孩子犯错误时，父母一定要及时纠正，让孩子认识到自己的错误，千万不能当作儿戏，对孩子纵容只会害了孩子。

1960年，为了提高天气预报的准确性，美国麻省理工学院气象学家爱德华·洛伦兹用电脑制作了模拟程序。他在研究过程中惊奇地发现，用方程式的中间简化值0.506和精确值0.506 127算出的最终值的差异竟然是巨大的。后来，爱德华·洛伦兹通过多次研究，得出这样一个结论：一个微小的误差随着不断推移会造成巨大的差异。同样的道理，在事物发展过程中，如果初始条件发生了细微的变化，那将会造成结果差异极大。爱德华·洛伦兹用一个形象比喻来说明这个重大发现：一只小小的蝴蝶在巴西上空振动翅膀，它扇动起来的小小旋涡与其他气流汇合，在一个月后的美国得克萨斯州可能会引起一场风暴。

这就是"蝴蝶效应"的由来。蝴蝶效应的本质是，任何一个微小事物的改变，都可能引起一场巨大的变化。"蝴蝶效应"给父母的启示是：一个孩子良好习惯的养成，健全人格的形成，健康、积极心理的培养等，都是从生活中一点一滴慢慢积累起来的。但如果父母认为孩子在生活中遇到的小事没什么大不了，不会造成什么严重的后果，这种得过且过的教育方法慢慢地将会影响孩子的正常发展，甚至影响孩子的整个人生。

苏联著名教育家马卡连柯曾告诫我们："孩子的智力开发与艺术素质从小培养固然重要，但生活习惯的教养也绝不能忽视，且教育必须从细节开始。"

细节成就孩子的一生。因此，父母在教育孩子时一定要考虑蝴蝶效应，教育孩子要从细节入手。细节教育，体现在日常生活中孩子行为举止的方方面面。注重细节，应从以下几个方面着手。

1. 生活细节教育

生活中，父母要时时因势利导，比如："餐桌教育"，从小教育孩子吃饭不浪费饭菜，不挑食偏食，懂得礼让；"床头教育"，早晨起床自己穿衣服，自己洗漱，讲卫生，不躺在床上看书、写作业；"阅读教育"，父母和孩子的书架分开，每天晚饭后半小时，全家人读书看报且形成惯例等。

2. 道德教育

良好的道德观将决定一个人事业成就的大小。孩子的善恶、美丑观念更多、更直接地来源于家庭，而非书本。父母不应该过多地在孩子面前谈论名利、钱财教育孩子不贪图小利，不追求非分之财；父母应该杜绝从事不健康的活动，让孩子懂得洁身自好；父母应随时随地注意训练孩子遵守社会公德等。

3. 文明教育

生活中，父母要坚持对孩子进行文明礼貌和社交礼仪习惯的培养。比如：教育孩子不说脏话，保持衣着整洁整齐，培养孩子的独立意识，自己的事情自己做，关心父母，尊重劳动成果，言谈举止大方得体，生活上不攀比、不浮华、不奢侈浪费等。

4. 安全细节教育

父母要从小教育孩子注意环境的安全性，加强对孩子的安全教育。比如：遵守交通规则，防止交通意外；不去河、湖、水库中游泳，防止溺水；不做危险性的游戏，不触摸电器等。重视安全细节教育，就是珍惜孩子的生命。

第七章　不睡觉？言传身教，纠正孩子的不良习惯

良好的睡眠是保证孩子健康成长的重要条件。不少父母抱怨，为了让孩子按时睡觉，他们要费尽九牛二虎之力，天天被折磨得身心俱疲。父母想要纠正孩子这一坏习惯，做好榜样是关键。

孩子晚睡晚起主要受父母影响

朵毓的妈妈脸上黯淡无光，神色疲惫，无精打采的。原来她最近患上了失眠症，而这失眠的起因竟是女儿不好好睡觉。

朵毓刚上一年级，在很长一段时间里，晚上总是吵吵闹闹不睡觉，早上钻在被窝里不起床，似乎是因为不太适应小学的新生活。朵毓的妈妈本来给孩子规定的睡觉时间是晚上九点至九点半，可是到了这个时间段，朵毓根本就不睡觉，非要玩自己的玩具，或缠着妈妈给她讲故事。哄朵毓睡着，已经过了十一点，朵毓的妈妈又想利用空余时间多学习知识给自己充电，不知不觉就熬到十二点。

而早晨起床更是一场没有硝烟的战争。朵毓睡得非常沉，怎么叫都叫不醒。眼看上学就要迟到了，朵毓才睁开惺忪的双眼，慢吞吞地穿衣服、洗脸、刷牙。因此，朵毓迟到也是家常便饭。

朵毓的这种状况属于非典型状况，许多这个年龄段的孩子都出现过。妈妈应该认识到，到了应该睡觉的时候孩子不肯睡、早上不肯起都是有一定原因的。比如，夏天天气炎热不想睡觉，学校布置的作业太多，业余要学钢琴、绘画等，看喜欢的动画片不想睡，冬天天气太冷不想起床，在学校里发生了不愉快的事情等。

但不管是哪方面的原因，晚上不睡觉、早上不起床这样的作息习惯显然既不利于孩子的身体成长，也会给孩子第二天的学习带来一定的不良影响。

为了让孩子养成良好的睡眠习惯，父母具体应该怎么做呢？下面为大家介绍一些具体有效的方法，希望能帮助到大家。

1. 父母要做好榜样

其实，孩子晚上睡觉的时间跟父母息息相关，如果父母经常晚上十一二点才睡觉，孩子也会跟着玩到晚上十一二点，尤其是都在上班的父母，孩子白天很少同父母在一起，晚上难免会黏着父母。因此，父母一定要养成良好的睡眠习惯，为孩子做好榜样。

2. 营造良好的睡眠环境

空气新鲜、温度适中的睡眠环境有助于孩子入眠。晚上睡觉时，父母最好开点气窗，以保持空气流通。父母在孩子睡觉时，可以将灯光调得暗一些，最好不要发出响声妨碍孩子睡觉，尽量让孩子在安静的环境下睡眠。小床不能太软，因为太软的床不利于孩子骨骼的发育，所以最好用硬的（或稍有弹性的）钢丝床、木头床或棕绷床。

3. 增加孩子白天的运动量

不可否认的是，随着孩子的成长，他的精力也变得越来越旺盛。那些晚上不睡觉的孩子多半都是因为旺盛的精力没有得到很好的释放，身体里多余的精力自然不会让他太早困倦，只有等他把那点精力都消耗殆尽，才可能会因为疲倦而想要休息。因此，白天应增加孩子的运动量，父母多带孩子充分地活动、好好玩耍，晚上他才会因疲惫而很快入睡。

4. 固定的睡前准备活动

睡前准备活动可以逐步让孩子了解和掌握睡觉前的常规事情，以此为信号，暗示他要睡觉了。长此以往，将有助于孩子尽快放弃不想睡觉的心理而进入预睡眠状态。

父母应知道

这里需要特别提醒父母注意的是，当孩子由于各种原因不想睡觉时，父母一定不要采取恐吓和打骂的方式解决，因为这不仅容易引起孩子强烈的逆反心理，还容易给孩子的身心造成伤害。

对于早晨不想起床的孩子，父母可以耍些小花招：拉开窗帘，让阳光唤醒他；放些轻松欢快的音乐等。父母还可以对“小懒猫”这样说：“外面的抽屉里有你的一个快递，想不想知道是什么东西？”诸如这样的小花招，父母只要多动动脑筋，就能想出很多来。

孩子怕黑，让他接纳黑暗才能安心入睡

睡眠在孩子成长过程中是很重要的，但是很多父母间接“扼杀”了孩子的睡眠。当孩子说怕黑，不敢一个人睡觉的时候，父母很容易这么想：孩子胆子太小了，应该让他单独睡，以培养他独立、勇敢的精神和帮他克服怕黑的恐惧感。但其实这根本不能解决问题，因为他们没有去发掘孩子怕黑的真正原因。

对黑暗与未知的恐惧，是正常的心理发展历程，孩子的恐惧感很大程度上源于他的想象力和无法分辨现实。在2～3岁的时候，孩子慢慢拥有了想象力，但还不能区分幻想和现实，这让“未知”有机会变成“害怕”，给小脑袋瓜里增加了一块黑色的阴影。随着孩子的认知能力及想象力的快速发展，孩子又往往容易将脑海中幻想出来的事物，如鬼怪、坏人，当作一种切实存在的威胁。这种内在原因导致了孩子怕黑。

另外，电视是导致孩子怕黑的主要外部原因。电视的图像和声音对孩子来说很刺激，某些在大人看来很正常的画面，孩子却可能感到恐惧。对于孩子来说，他不能总是区分现实和幻想的情节，会认为看到的都是真实的。因此，电视节目里的一些暴力、鬼怪等内容都可能成为带给孩子恐惧感的来源。

那么，父母该如何帮孩子克服对黑暗的恐惧呢？

1. 弄清孩子害怕什么

遇到孩子怕黑，父母一味单纯地安慰“不要怕”，是不管用的，父母必须认真和孩子沟通并了解孩子的恐惧来源。比如，孩子白天看了有鬼怪或者其他吓人的电视画面，晚上就忍不住乱想会有妖怪来抓他们。此时，父母一方面要跟孩子解释电视剧里面的妖魔鬼怪是骗人的，另一方面还要告诉孩子他们现在住的地方很安全，从而减轻孩子的恐惧感。

2. 以鼓励取代安抚

当孩子被打雷或者黑漆漆的房间吓哭时，父母的第一反应通常就是上前安抚，并对孩子害怕的东西特别谨慎和在意。此时，父母的紧张状态很容易影响孩子的情绪，孩子也会认为黑暗是可怕的。

父母一方面应该适当忽略孩子的怕黑情绪，摆出黑暗并不可怕的态度，另一方面可以在黑暗的房间里多陪孩子待会儿，或者身体力行告诉孩子黑暗没想象中那么可怕。

3．和孩子在黑暗中玩耍

晚上，父母可以多带孩子外出散步，抬头仰望星空，跟孩子一块数星星、看月亮，让孩子感受到原来晚上也有好玩的事情。父母也可以和孩子在黑暗里玩玩闹闹，这样孩子自然就会忘记黑暗的可怕，转而将黑暗与快乐联系在一起。

4．睡前多给孩子阅读温馨的故事

父母可以在睡前多给孩子阅读一些温馨的小故事，让孩子吸取积极的能量，保持愉快的心情，从而给孩子营造一个好的睡前气氛，转移他害怕黑暗的注意力。

父母应知道

一些父母常用吓唬的方法来教育孩子，使孩子按自己的意志行事，结果导致孩子产生不正常的恐惧心理。如孩子哭闹时，父母缺乏制止的良方，就伪装“狼叫”“鬼嚎”等来吓唬孩子。这样，孩子虽然一时安静了下来，但由此而产生的恐惧也同时遗留了下来。因此，父母在教育孩子时，不要大喊大叫吓唬孩子。

只有在父母怀里才能入睡

我们经常见到：许多比较小的孩子在睡觉前总是哭闹不休，通常父母把他抱起来，轻轻拍一拍、摇一摇就会睡着。不过，还有一些大一点的孩子也常常要父母抱着才能安睡，这让一些父母觉得头疼。父母想让孩子养成自己睡觉的好习惯，但看孩子一直哭，又非常舍不得。

这是菲菲的妈妈讲述的孩子的睡觉问题：“一直以来孩子都是我抱在怀里、哼着歌儿、轻摇着入睡，孩子甜甜入睡的样子真是可爱。但现在我想让她尝试着自己一个人睡觉，谁知她一躺在床上就大哭大闹，我一抱起来她就不哭不闹了，但我也不能一直抱着啊。每一次，我跟老公看着哭累了才睡着的菲菲，又心疼又着急。”

菲菲习惯了睡前被妈妈抱，妈妈不再抱了，她就会用哭闹来表达自己的感受。研究显示，拍抱、摇晃等安抚措施，不仅会使孩子的入睡时间延长，还会增加孩子夜里醒来后再次入睡困难。

另外，对孩子来说，在妈妈怀里入睡会让孩子睡得不深，身体蜷曲在妈妈的怀中，无法自由舒展，全身肌肉得不到休息，从而会影响到睡眠质量，同时，也不利于孩子呼吸换气，影响正常的新陈代谢。长此以往，会让孩子养成不抱不睡的习惯，影响孩子正常的身体发育。对妈妈来说，如果经常抱着孩子睡觉，会严重影响正常的休息，拖垮自己的精神，不利于身体健康，影响生活、工作。

因此，父母们要注意，以后要对孩子抱着睡觉说“不”，放手才能让孩子安心入眠。

1. 睡前抚触，帮助放松

父母每次给孩子喝完奶之后，一定要拍拍孩子的后背，帮助孩子打嗝，避免吐奶，然后把孩子放到小床上，从头到脚抚触，帮助放松。

2. 营造环境，有利睡眠

安静舒适的环境，是孩子睡眠的先决条件，父母可以把一件有妈妈气味的衣服放在孩子身边，让小家伙的内心充满安全感，这样有利于孩子很快进入睡眠状态。

3. 多哄少抱，形成习惯

父母不要太过敏感。当孩子惊醒或哭闹时，不要急于去抱起他，

这时父母可以坐在床边，温柔地拍拍他，抚摸一下孩子的四肢，轻声地哄，就会赶走孩子的恐惧，让他再次进入甜蜜的梦乡，同时，也能帮助孩子慢慢习惯这种方式，对他以后独自入睡有好处。

4. 循序渐进，改正习惯

对于已经养成抱睡习惯的孩子来说，父母可以采取循序渐进的方式，帮助孩子改正习惯。可以先把孩子放在床上，妈妈侧卧在孩子身旁，用手环绕在他的体侧，让他感觉到仍然在妈妈的怀抱中，比较容易入睡。

另外，《中国婴幼儿睡眠健康指南》提出“优质睡眠3+3”法则，具体内容如下。

三要：一要在孩子犯困时把孩子放到床上，培养其独自入睡能力；二要让孩子与父母同屋不同床，有助于夜晚连续睡眠；三要用纸尿裤等养育行为方式提高孩子夜晚睡眠效率。

三不要：一不要依赖拍抱或摇晃等安抚方式让孩子入睡；二不要让孩子只有在喂奶后才能入睡；三不要过度干扰孩子的夜晚睡眠。

父母应知道

研究发现，相比同床睡眠的孩子，选择同屋不同床和单独房间睡眠方式的孩子，入睡需要时间短，夜晚醒来次数少，睡眠效率高。还有一些研究发现父母与孩子同睡一张床与婴儿窒息的发生有一定联系。

总之，孩子在妈妈怀里睡觉，弊大于利。父母要想办法帮助孩子养成独自睡觉的好习惯！

消除睡眠障碍，让孩子一夜好眠

睡眠是生命的一个重要生理过程，人的一生中有三分之一的时间在睡眠中度过。睡眠是孩子早期发育中脑的基本活动，在生命的早期所需的睡眠时间会更长。

高质量睡眠有助于孩子的智力发育，与孩子的认知能力、学习和注意力密切相关，并且能促进身体生长。如果不能够保证孩子足够而良好的睡眠，会影响其智力的发育，使其在情绪、行为、注意力等方面出现问题。

然而，孩子的睡眠障碍往往被父母忽视，甚至有的父母会认为孩子不会患有睡眠障碍。其实，睡眠障碍不只是成年人的“专利”，它通常也会发生在2～12岁的孩子身上。当然，孩子的睡眠障碍不同于成年人，不是以入睡困难、早醒为主，而是以有效睡眠时间短、睡眠质量低为主。

睡眠障碍是指在睡眠过程中出现的各种影响睡眠的异常表现，它可由环境和身体某些系统生长发育相互作用产生的功能失调引起，也可由呼吸、神经、消化等各系统的疾病引起。睡眠障碍能够直接影响孩子的睡眠结构、睡眠质量，以及睡眠后的复原程度。

我国儿童睡眠医学研究协作组对儿童睡眠问题做过调查，显示：0～5岁儿童中，存在睡眠障碍的占到了20%；2～12岁则达到了27%，也就是说有四分之一的孩子存在着不同程度的睡眠问题。这项调查结果令人震惊。

因此，我们接下来有必要介绍一下孩子睡眠障碍的几种主要表现形式。

1．睡眠不安

孩子睡眠不安表现为在睡觉时经常翻动、肢体跳动、反复摇头、无故哭闹、磨牙、说梦话等。潜在的疾病因素最容易造成孩子睡眠不安。

2．入睡困难

入睡困难的孩子，常迟迟不能入睡、浅睡或是早醒，即使已经四五岁了，孩子仍然不愿自己上床，要求妈妈抱着入睡。入睡困难的孩子通常需要父母耐心引导，使孩子养成良好的睡眠习惯。

3．夜惊

夜惊是睡眠中突然出现的一种短暂的惊恐症状，通常发生在孩子入睡后半小时到2小时之间，表现为突然坐起尖叫、哭喊、瞪眼睛或双目紧闭，面部表现十分惊恐不安。这时孩子神情恍惚，对爸爸妈妈的呼唤没有什么反应，一般持续几秒到几分钟后又会迅速入睡。第二天，孩子醒来时什么也记不得。部分孩子在夜惊发作时还会夜游，对此，父母要特别警觉。夜惊一般会随着年龄的增长而自行消失。

4. 梦魇

梦魇又称“梦中焦虑发作”，主要是指孩子在后半夜时做了恐怖的噩梦而被惊醒，感到极度紧张和焦虑。引发梦魇有以下几种原因：孩子有心理矛盾或情绪焦虑；孩子在白天看了恐怖电视节目；睡眠姿势不舒适，如蒙被睡觉或双手压在胸前睡觉；因感冒而呼吸不畅；寄生虫引起腹痛。

5. 尿床

孩子尿床通常是由于神经系统发展滞后引起的。随着孩子的成长，相应的神经系统成熟了，尿床自然就会消失。加拿大睡眠学会的报告指出，1/10的6岁孩子和1/20的10岁孩子夜晚有尿床问题。对大一点的孩子来说，尿床会影响自尊的发展。

如果较大的孩子突然出现尿床，有可能是尿道感染，应该及时去就医。另

父母应知道

父母在关注儿童睡眠问题时，不能只关心孩子几点睡觉、几点起床，还要关心孩子是否睡得踏实，观察有无上述相关表现的存在。如果孩子每周都有多于1次的睡眠障碍相关表现，父母就要高度重视了。

外，焦虑也会引起尿床。

对于有睡眠障碍的孩子，父母需先弄清孩子发生睡眠障碍的原因，并采取相应的治疗方法和对策。在平时，父母要注意让孩子养成良好的睡眠习惯，避免睡前做兴奋活动或看恐怖的电视节目。对于反复出现睡眠障碍的孩子，父母应及时带孩子就医。

坚定地执行睡前仪式

随着孩子越来越大，自我意识也越来越强烈，父母对孩子的管教也将越来越困难。很多孩子临睡前总有磨磨蹭蹭的坏习惯：一到睡觉时间，就很忙碌。

有的孩子每天晚上洗脚都要洗半个小时，虽然父母总是在九点就让孩子洗漱睡觉了，可孩子往往十点后才上床。

有的孩子总是说："就玩一分钟，我就看一分钟书，我就开一分钟灯。"可是他眼里的一分钟可以无限延长。

还有的孩子即便是躺在床上，也要折腾半天才能入睡，"妈妈，我想让你给我讲故事嘛!""我有点饿了，想再吃点东西嘛！"理由层出不穷，经常是最后一个节目"表演"完，时针就指到11了。

面对这样磨磨蹭蹭的孩子，你当然需要一个好办法来终结每天上演的这些“悲剧”。现在告诉你一个绝招：坚定地执行睡前仪式，一切将会迎刃而解。现在一起来学习一下吧。

1. 规定明确的睡觉时间

父母要给孩子规定明确的睡觉时间，并且一旦定下来，就不能轻易更改。如果父母严格执行睡眠时间，那么，孩子就没有机会养成磨蹭的习惯。即使节假日也不要随意更改，这样孩子睡前磨蹭的毛病就可以得到纠正，并养成良好的睡眠习惯。需要父母注意的是，规定的睡觉时间必须科学合理，不要太早或太晚，要符合孩子的年龄特点。

研究表明，孩子的最佳入睡时间是晚上九点到九点半，这样不仅可以保证孩子的睡眠时间在8个小时左右，而且有利于孩子的智力和身体的更好生长。因为影响孩子的智力和身体发育的激素，分泌高峰期是在晚上十点到凌晨四点。当然，这个睡觉时间是针对年龄较大一点的孩子。

2. 坚持一套固定的睡前仪式

睡前仪式其实就是临睡前我们习惯做的一系列的事情。比如，成年人喜欢洗澡、换睡衣、上床、刷刷手机，然后才能踏实睡过去。每天都有几乎一样的睡前习惯，不做就像是缺了什么。孩子也是一样的。

如果父母坚持一套固定的睡前仪式，那么，孩子就会因为知道接下来要发生什么而觉得心里很安定，减少他对睡眠的抗拒。通过一系列的睡前仪式，可以轻松愉快地让孩子从兴奋的状态转为平静状态，直到安心入睡。睡前仪式可以根据家庭的情况设置不同的流程，一般来说包括以下几种。

（1）洗澡。洗澡是一件消耗体力、放松身心的事情。好好洗个温度适宜的澡，让睡觉事半功倍。（睡前2个小时内不要有剧烈的活动，想要消耗精力请在睡前2个小时进行。）

（2）热牛奶。热乎乎的饮料不仅在生理上有助睡眠，还会给人温暖、舒适的心理感受。

（3）讲故事、放音乐。对比较小的孩子，父母可以放一些轻柔的音乐；对大一些的孩子，父母可以给孩子讲故事，记住一定要用轻柔的语调、缓慢的语速，可以催眠。

（4）上厕所、刷牙。躺好前的准备。（睡觉前不要让孩子吃甜食，糖分会令孩子大脑兴奋，不易入睡。）

（5）关灯、躺好、不说话、不玩闹。在睡前不要给孩子过多刺激。采用温和但坚持的态度执行下去，你会收到意想不到的效果。

父母应知道

孩子不喜欢“意外”，而是喜欢一切事情都按照固定的步骤来。建立了睡前仪式，也是给他建立了条件反射机制，因而他开始洗澡就觉得困了。这比哄他睡觉容易多了。

强化定律：好习惯在于不断强化

父母怎样才能让孩子按时睡觉、按时刷牙，并使其表现出良好的餐桌礼仪呢？如何帮助孩子改掉不良的习惯，如爱哭闹、爱摔东西，并帮助孩子克服他磨磨蹭蹭的毛病呢？在学习之前，我们先来看一个案例。

有一次，妈妈带着安安到果果家里玩，两个孩子因为一辆玩具遥控车发生了冲突。这辆遥控车是果果最喜欢的一辆玩具车了，安安拿着遥控车，果果想拿回来。安安的妈妈见状就让安安把遥控车还给果果，玩其他玩具车。这时，安安一下子爆发了，哭着把遥控车砸到墙上。

果果见状有点吃惊，他从来没有想过可以这样来出气。于是，果果的妈妈立刻把他抱出这个房间（怕他学样）。然后，安安妈妈对其他人说："我们来冷处理，大家都不要理他。"于是，大家都在客厅讲话吃东西，让安安自己待在那个房间里。安安不砸东西了，躺在地上哭，然后越哭声越小，慢慢就听不见了。安安的妈妈看他差不多平静下来了，就进去和他讲道理。最后让他说“对不起”的时候，他也说了。

以后每当出现这种情况，安安的妈妈就进行冷处理。几次之后，安安乱发脾气的不好行为因为没有得到强化而逐渐消失了。

其实，孩子的很多坏习惯是父母过度关注造成的。比如，孩子伤心时赶紧安抚，哭闹时立即迁就等。在这种情况下，父母最好的教育方式是冷处理，减少对孩子不良行为的过度关注，就像案例中妈妈对安安的教育方式。几次之后，孩子见父母没有改变主意的意思，就会照着父母的要求做，脾气暴躁的孩子也会因为父母的冷处理而逐渐平稳下来。这种教育方式运用的就是心理学中著名的“强化定律”。

科学家们做过这样一个实验。

有一类梭子鱼特别爱吃鲤科小鱼。假如把梭子鱼和鲤科小鱼都放到水槽中，那么很快水槽中就只剩下梭子鱼了。但是，当我们把玻璃板放到水槽中，隔开梭子鱼和鲤科小鱼时，有趣的一幕发生了。由于梭子鱼看不见玻璃板，所以它每次去追自己的食物的时候，都会撞到玻璃板上。开始时，梭子鱼会不断地游向玻璃板，撞得“头晕眼花”。这就使得梭子鱼的猎食行为无法得到强化，结果随着时间的推移，猎食行为慢慢地消失了。最后，梭子鱼再也不想去吃掉鲤科小鱼了，因为它们懂得了一个道理：这些小鱼是不可能吃到的。于是，梭子鱼改变了自己的行为。这时，我们再把玻璃板从水槽中拿走，结果却是这些鲤科小鱼居然可以绕着自己的天敌自由地游来游去。

这就是心理学上著名的强化定律实验。强化在反射形成和消退的过程中起着重要的作用。它证明了人或动物的本能，如果没有得到强化，则最终会消失。强化定律不仅是动物学习行为的一种心理机制，而且是孩子与成人通过肯定或否定的反馈信息来修正自己行为的手段。

美国心理学家斯金纳认为，如果人们在无意中做出某种行为之后得到了赞扬，以后就会多做出这类行为；如果无意中做出了某种行为导致了惩罚，则以后会回避或尽可能减少这种行为。

强化定律对培养孩子良好的行为非常重要。父母在利用强化定律时，要遵守以下两个原则。

1. 奖惩一致，是运用强化定律的关键

在教育孩子时，利用强化定律的关键是奖惩要一致。如果孩子做错了事，那么父母绝不能姑息迁就，否则，言行不一致的父母就无法在孩子面前建立威信，孩子也不能养成良好的习惯。同时，如果孩子的行为值得表扬，父母也要及时给予肯定或奖励，尽管有时只是说一句鼓励的话，但对孩子来说，那将是他们继续前进的动力。

需要注意的是：当孩子挑战父母的权威时，父母最好不要使用奖励。比如，妈妈说："赶紧收拾好你的玩具，家里马上要来客人了。"但是孩子并没有按照妈妈的话去做。这时，如果妈妈用一块巧克力糖换取孩子的合作则是错误的，因为这实际上是在奖励孩子的挑衅。另外，父母还要注意，奖励不一定都是物质的，语言的强化作用同样有效。

2．掌握主动，确保强化这一学习过程得以完成

强化定律不仅是孩子学习新行为的一种心理机制，父母也在按照自己得到的肯定或否定的反馈信息来修正自己的行为。有时候，孩子们也会本能地通过强化来训练他们的父母，从而得到自己想要的东西或是令父母做出自己希望的行为。

比如，父母教训自己的孩子时，孩子经常会说："爸爸妈妈不爱我了吗？"大多孩子都知道他们的父母渴望表达爱。因此，他们利用了这个微妙的问题来消除父母的惩罚行为。这样做的孩子通常能够获得成功。

因此，父母一定要意识到自己的不当行为可能会对孩子的行为产生负强化作用，以确保自己给予孩子恰当的教育。

第八章　不吃饭？养成良好的进餐习惯是关键

吃饭，原本就该让人感到舒服和自在，可家里如果有一个不好好吃饭的孩子，那进餐就像上战场一样，让父母非常疲惫。其实，父母要想改变这一状况，让孩子养成良好的进餐习惯才是关键。

孩子不吃饭，多半是惯的

很多父母担心孩子没吃饱，家里零食从不少；长辈担心孩子会饿瘦，追着孩子喂，引诱孩子吃饭，平板手机全用上。这些其实都是吃饭的陋习。说白了，孩子不好好吃饭，多半是父母给惯的。

对于不好好吃饭的孩子，父母一定不要心软，要坚持自己的原则。下面案例中楠楠的妈妈就是这样做的。

妈妈为了让楠楠和他的妹妹长身体，要求他们每顿喝一碗汤。有一天，楠楠实在喝不下去了，就趁妈妈转身的时候，故意将自己的那碗汤打翻，还说："哎呀，汤被我不小心打翻了。"妈妈赶紧拿来抹布，一边擦一边说："楠楠，下次小心。"

可刚才的一幕，妹妹都看到了。她对哥哥做了个鬼脸，然后大声向妈妈告状："妈妈，刚才哥哥是故意打翻汤的，他还偷着笑呢。"这时，暗自窃喜的楠楠尴尬了，低着头，生怕妈妈大发雷霆，狠狠揍自己一顿。

但是，让楠楠感到意外的是，妈妈并没有生气，而是心平气和地对他俩说："汤是很有营养的东西，喝了可以让你们长高，还可以增强身体的免疫力。但对于故意洒汤的小朋友，要记住：洒了一碗汤，一顿不能喝汤；洒了两碗汤，两顿不能喝汤。楠楠今天洒了一碗汤，那就一顿不能喝。"

楠楠听后很高兴，心想终于不用喝汤了。到了吃午饭的时候，妈妈只给妹妹盛了一碗汤，妹妹一下子把汤喝个精光，还说："今天的汤太好喝了。"楠楠有点按捺不住，忍不住吞了吞口水。到了吃晚饭时，妈妈终于给楠楠端来了一碗汤，楠楠一下子也把汤喝了个精光，然后哥哥看着妹妹，妹妹看着哥哥，大笑起来。

案例中的楠楠不喜欢喝汤，就故意洒在桌子上，妈妈没有发脾气，而是定了一个规矩"洒了一碗汤，一顿不能喝汤；洒了两碗汤，两顿不能喝汤"，并坚持自己的原则，最后楠楠也不厌烦喝汤了，还一下子把汤喝了个精光。楠楠的妈妈的这种做法很值得我们借鉴。

孩子挑食、不好好吃饭等，这样的烦恼大多父母都遇到过，由此而来的一系列的问题，相信父母都深感烦恼。每位父母都希望自己的孩子不挑食，什么都吃，把身体养得棒棒的，但是这样的好习惯要怎样培养呢？

1. 一日三餐要定时定量，形成固定的饮食规律

父母要根据孩子的食量给予适量的饭菜，并坚持要求孩子尽量顿顿吃完。父母千万不能一味地要求孩子吃太多，更不能依着孩子爱吃多少就

吃多少，一顿饱一顿饥，然后用零食填补，这样会影响下一顿的食欲，同时，也会让孩子养成浪费粮食的不良习惯。

2. 父母要坚持原则

对于偏食的孩子，父母要坚持原则，不能因为孩子哭闹或者拒绝进食就心软，转而找来孩子喜欢的食物或者零食给他们吃，否则，久而久之，就会加重孩子挑食的坏毛病。

3. 创造宽松愉快的进餐气氛

一个整洁有序、愉快安静的进餐环境，可以使孩子保持良好的进餐情绪，让孩子感受进餐时的快乐气氛。无论遇到什么事，父母都要尽可能地避免在餐桌上批评、训斥孩子或对孩子进行严重的说教，否则，会破坏愉快的进餐气氛，既降低孩子的食欲，又不利于孩子的身心健康，反而得不偿失。

要想让孩子养成良好的进餐习惯，下面几点父母要避免。

1. 存放太多的零食

如果孩子不停地吃零食，那么一到吃饭的时间，孩子就会不好好吃饭，情况严重时会造成孩子营养不良。

2. 允许孩子边吃边玩

如果孩子边吃边玩，一定会延长吃饭的时间，等到下顿的吃饭时间到了，孩子却还不饿，当然就不肯好好坐下来吃饭了。

3. 催孩子吃快点

许多父母在忙碌的时候，便会不自觉地要求孩子吃快一点儿，这样会使孩子对“吃饭”产生压力及不愉快的心情，使孩子排斥吃饭。

父母应知道

美国著名儿科医生、心理学家本杰明·斯巴克先生认为：“每个儿童生来就有一套自行调节进食数量和种类，满足正常生长发育需要的精妙的生理机制。”“儿童有一种被逼急了就要顶牛的本能。吃什么要是吃得不高兴，下次见了就讨厌……催逼儿童吃饭是无益的，反而会使儿童食欲下降，使之长期得不到复原。”

追着喂饭只会让孩子更抵抗

如今，追着孩子们喂饭成了普遍存在的现象——孩子在前面跑，父母或爷爷奶奶拿着碗在后面追。

壮壮从开始学吃饭起，就是奶奶和妈妈轮流追着喂，还没吃两口，一会儿跑去玩玩具了，又没吃两口，一会儿又跑去看电视了。总之，喂壮壮吃顿饭，别人累得喘粗气，浑身是汗，他自己却还没吃饱。久而久之，因为喂饭，壮壮竟然对吃饭产生了抵触情绪，一度身体不好，还经常往医院跑。

其实，吃饭是人类最原始的本能之一，父母只需适时引导孩子自己吃饭即可，父母追着喂饭只会让孩子更加抵抗。“追着喂饭”不仅会影响孩子的消化吸收，还会影响到孩子的身心健康和智力的发育。追着喂饭

对孩子有哪些主要影响呢？

1．影响孩子专注力的发展

追着喂饭是孩子专注力不足的表现。父母为了让孩子安静地待一会儿，让他看电视、玩玩具，然后趁这时给孩子喂饭……这些都会进一步地破坏孩子的专注力，甚至有可能影响孩子以后的学习。

2．不利于孩子养成良好的生活规律

当孩子专注于电视或玩具时，往往意识不到自己正在吃饭，因此，也就不能形成“吃饭的时间是固定的”这样的意识。其结果会造成孩子的生活紊乱，影响孩子的身体健康。

3．影响孩子的自主意识

孩子作为独立个体，吃饭本来是自己的事，由自己掌控吃多少、吃多快。但如果父母喂饭，就会破坏这种自主意识。

4. 影响孩子的智力发育

孩子自己动手吃饭，需要手、嘴、眼相互协调配合，这样就在不知不觉间锻炼了协调能力与平衡能力。有研究显示，手部动作的良好发展对智力发育有积极作用。长期喂饭对孩子的动作平衡与协调，乃至智力发展都有不良的影响。

追着孩子喂饭的负面影响上面已经介绍了，那么，父母如何尽快改变这种状态，让孩子主动吃饭，而不是追着孩子喂饭吃呢？这里的绝招就是：孩子不吃就立马将饭菜撤掉，绝不马虎，饿他一顿！

邻居们见了牛牛都说："孩子太瘦了。"的确，牛牛真的很瘦，但除了有遗传因素外，还有个原因是，4岁之前，牛牛由牛牛的姥姥姥爷带着。姥姥和姥爷很娇惯孩子，牛牛每次都是大人喂才吃饭。姥姥还总怕饿着牛牛，无论他是否有饥饿感，姥姥都边哄他玩，边喂他吃饭，即使孩子已经吃饱了，她还要追着哄着再多喂几口。时间长了，孩子养成了每次都是哄着玩着才吃饭的毛病，而且每次都吃得很少。

有一段时间，孩子由于体质弱经常感冒，这才引起牛牛妈妈的高度重视，她意识到这样下去真的不行。于是，牛牛妈妈找了一个合适的机会，和牛牛的姥姥姥爷认真地谈了谈她的想法，两位老人都同意了她的建议。这个建议是：如果孩子不说饿，就坚决不给他吃饭。牛牛姥爷主动担当起了监督员。

第一天晚饭时，牛牛还像往常那样悠然自得地在屋里玩耍，大人问他吃不吃饭，他摇摇头，于是大人就不喂他吃饭。过了晚上6点，姥姥忍不住了，急得团团转，嘴里嘟囔着，担心饿着孩子，打算喂牛牛吃饭。这时，妈妈和姥爷劝住了她。

临睡前，牛牛突然对妈妈说："妈妈，我饿了。"这时，妈妈赶紧端出早已给他做好的饭。牛牛看来真是饿了，他拿过递给他的勺子，自己大口大口地吃起来，也不让人喂了。

其实，有时候孩子不好好吃饭并不是胃口不好，而是不饿。当孩子选择不吃饭时，大人要尊重孩子的决定，收走他的餐具，帮助他履行承诺——不到吃饭的时间，就不给任何食物。无论孩子怎么磨、怎么哀求、怎么哭闹，都不要给。然后等到了吃饭时间再正常开饭。需要注意的是，让孩子好好吃饭，需要全家人的共同配合，意见一致才可以。

父母应知道

在孩子吃饭的过程中，四种错误方式要纠正：父母怕脏嫌烦，禁止孩子用手抓饭、动餐具；孩子跑，父母追，一手搂着一手喂，躺着喂，追着喂；孩子玩玩具、看电视，趁其不备将食物送进嘴里；除了威逼就是利诱。通常父母越是这样做，孩子对吃饭越抵抗。

吃饭时关闭电视，提高孩子的注意力

崇崇有个不好的习惯，就是吃饭时要看电视。妈妈最近一直在纠正他这个坏习惯。

周末，崇崇和妈妈一起到奶奶家，吃饭时，崇崇大声说："我要看电视。"妈妈坚决地说："不行，吃饭时间不许看电视。"崇崇委屈地对奶奶说："奶奶，我要看电视。"奶奶说："好好，那你先答应妈妈，好好吃饭，就可以看电视。"崇崇赶紧说："妈妈，我好好吃饭，让我看一会儿吧。"妈妈还是坚决不答应，可奶奶已经把电视打开了，嘴里还念念有词："孩子还那么小，有必要这样吗？"于是，崇崇又一次一边看电视一边拖拉地吃饭。妈妈觉得自己这几天的努力白费了，奶奶则觉得妈妈管教孩子的方式太苛刻了。

事实上，孩子一边看电视一边吃饭是一种非常不好的习惯，因为吃饭是一件需要专心的事情。由于孩子的自控能力差，所以经常会因为看电视而忘记吃饭，或者因为一直看电视，不知不觉会吃进去很多食物，这不仅会加重孩子的消化负担，还会影响孩子自控能力的养成。科学研究显示，过度的精力分散不利于胃肠的正常蠕动和消化液的分泌，不能让营养素的吸收达到最佳的状况。

此外，《美国小儿医学期刊》的调查报告指出：电视可能会过度刺激孩子的脑部，改变他们发育中的大脑结构。研究发现，孩子通常会被电视影像“催眠和迷惑”。孩子的大脑在最初三年的发展非常快速，因而很容易受到影响而被“重新编程”。看电视时间越长的孩子越容易出现注意力不集中、行为冲动和焦躁不安的问题，而且更容易思想混乱。

因此，吃饭的时候关闭电视，让孩子专注于吃饭这一件事，才是良好的饮食习惯。

1. 父母要以身作则，给孩子树立好榜样

在孩子最初的生命阶段里，最重要的人就是父母。父母就是孩子的榜样，在吃饭时，父母要以身作则来指导孩子。如果父母没有专心吃饭，孩子也会像父母一样，不能够专心吃饭。

晚餐时，鑫鑫突然走向电视机，想要打开电视。妈妈重申了好几遍“吃完饭再看，边吃边看对身体不好”，然而没什么用处。相反，在妈妈多次强调不可以边吃饭边看电视时，鑫鑫的情绪爆发了。他的小脸儿憋得通红，边哭边喊："以前爸爸吃饭时还看电视呢。"这一瞬间，妈妈的心被触动，原来，父母的一言一行都在孩子的眼中，父母正是他模仿的第一对象。

2. 事先和孩子定好规则

对于吃饭时要看电视的孩子，父母有必要事先和他定好规则，可减少孩子耍赖皮的机会。比如，约好吃饭时不能看电视，什么时间才能看，要看什么类型的节目及看多长时间等，都要事先跟孩子定好。

父母应知道

比较行为学之父肯拉特·Z.罗伦兹博士认为，人在出生之后6个月内所见所闻的学习经验（光、声音的学习经验）会成为成长之后行动的基础。如果让孩子太早接受过强的光及声音的刺激，大脑就会对机械的声音产生反应，对于母亲和其他亲人的声音反而没有反应了，这是造成自闭症的一大原因。

孩子挑食不要强迫

对于父母来说，孩子挑食是个大问题，明明各种方法都用了，可就是不奏效，每到吃饭时间，孩子就成了“难搞定的小家伙”，吃饭如同打仗一般，让大人心力交瘁。

东东的妈妈做饭忙了一个多小时，终于做好了。东东看了一眼餐桌上的饭菜，对饭菜一点兴趣都没有。

妈妈：“东东，快来坐下吃饭。”

东东：“我不吃，我不饿。”

妈妈：“快来吃，有你最爱吃的胡萝卜。”

东东：“我现在不爱吃胡萝卜。”

爸爸：“你是不是吃零食了？”

东东：“就吃了几口。”

爸爸:“那你为什么不吃饭?”

东东:“我不想吃,妈妈做的菜没有一个是好吃的。”

爸爸妈妈相互看了一眼,继续吃饭。

东东:“我就是不想吃,为什么你们一定要逼着我吃?”

爸爸:“你不吃,一会儿就没了啊,而且睡觉前不许吃其他的东西。”

东东:“不吃就不吃。”

爸爸生气了,说:“不吃饭就回你的房间,好好想一想。”

从例子中不难发现,东东明显有挑食的习惯。父母应帮助孩子纠正爱挑食的坏习惯,做到全面科学进食,才有利于孩子健康成长。那么,通常孩子为什么会挑食呢?原因主要有以下几个方面。

(1)喜欢吃零食。五花八门的零食对孩子极具诱惑力,如果孩子养成常吃零食的习惯,零食会导致胃肠道消化液不停分泌,胃肠缺乏必要的休息,那么最终可能引起消化功能减弱,食欲下降。

(2)父母对孩子过于迁就与放任,忽视了对孩子正常饮食习惯的培养,助长了孩子挑食的坏习惯。

(3)父母有意无意地在孩子面前表现出对某种食物的偏好,孩子受父母偏食意识的影响而自然地加以模仿。

(4)父母用许多方法来让孩子多吃几口饭、多吃几样菜,如威胁、激将、斥责、惩罚、请求、贿赂或强迫等,从而引起孩子对食物的反感。

(5)由于孩子身体不适、消化能力弱、食欲不振而引起的挑食属于

正常现象，父母不要太过担心，只要注意在孩子病好后帮助他及时恢复正常的饮食习惯就可以。

挑食是孩子常见的坏习惯，如果不及时矫正，不仅会影响孩子的体重和抵抗力，还会影响孩子的生长发育，尤其是正处在智力发育和长身体时期的孩子，父母应该尤为重视。针对孩子吃饭挑食，这里给大家介绍几种有效的解决方法。

1. 父母要以身作则

很多孩子挑食都与家庭饮食习惯相关。如果父母自己偏食，父母就必须克服自身的问题，以身作则，以启发、诱导孩子养成良好的饮食习惯。当发现孩子开始厌恶某种食物时，父母绝不能承认其“合理性”，不要随便给孩子挑食的权利，否则，久而久之，孩子不吃的食物种类就会越来越多。

2. 不要强迫孩子吃饭

当孩子不爱吃某种食物时，如果父母因为担心孩子缺乏营养而软硬兼施，给孩子施加压力，硬往他嘴里塞，这种喂食方式就会让孩子对这种食物产生不好的联想，最终形成条件反射：一见这种食物就恶心。父母这种过于急切的做法不仅无法纠正孩子挑食、偏食的饮食习惯，反而会使他的这种习惯更趋恶化。因此，如果孩子不爱吃红萝卜、芹菜等，就让他吃别的蔬菜，如南瓜、蘑菇等。不要强迫孩子接受某种食物，因为强迫会让孩子更不愿意好好吃饭。

3. 食物要多样化

父母在饭菜品种的多样化、多变及合理搭配上，在烹调制作的质量包括色、香、味及其造型上，在选用一些餐具器皿上，多下点功夫，会使孩子保持旺盛的食欲，每种饭菜都能吃得有滋有味。

对付挑食的孩子，父母一定不要“对着干”，否则，孩子的逆反心理会更严重。尤其是对处于逆反阶段的孩子，父母更需要注意选用有效、合理的方法。

不要让孩子暴饮暴食

有的孩子的进餐习惯很不好，饥一顿饱一顿，结果时间一长，就会对身体造成很大的伤害。下面案例中的玲玲就是这样一个孩子。

玲玲有个坏习惯：只要碰到她喜欢吃的东西，就不停地吃，直到吃得肚子再也装不下去才肯罢休；遇到不喜欢吃的东西，她连看都不看一眼。因此，玲玲平时总是饥一顿，饱一顿的。

一次，妈妈计划中午做红烧肉，这可是玲玲最喜欢吃的。一大早，玲玲就开始“节食”了，说是要把肚子“腾”出来留到中午吃红烧肉，妈妈真被她弄得哭笑不得。

到中午开饭时间了，玲玲兴奋地看着红烧肉：“哇！这是我最喜欢吃的，我要将它们全都吃完。”饭桌上，玲玲将红烧肉吃得光光的，还闹着喝她最喜欢喝的冷饮，小肚子撑得圆圆的。玲玲总是这样，妈妈真拿她没办法。

下午，玲玲就开始嚷嚷着说：“妈妈，我的肚子好疼啊！”妈妈赶紧过来问孩子：“怎么回事？来，妈妈给你揉揉。”可是按揉肚子也不起作用了，玲玲感觉肚子更加疼痛起来。于是，妈妈赶紧带着玲玲去了医院。结果，医生说是肠胃炎，是不好的饮食习惯造成的。经过这次事件，玲玲说以后再也不要像以前那样大吃大喝了。

孩子的自制力差，遇到自己喜欢吃的东西就大吃大喝。一些父母又觉得孩子正在长身体的阶段，多吃点儿是好事，因此，也就不注意对孩子食量的控制。实际上，暴饮暴食对孩子的身体和心理非常有害。

暴饮暴食可引起食积不化，孩子出现上腹饱胀、打嗝、有酸臭气、不想吃东西、呕吐和腹泻等症状。暴饮暴食还可能引起肥胖症，孩子可能会因为肥胖受到其他伙伴的讥笑，产生自卑或其他不良心理。另外，英国科学家最新研究显示，暴饮暴食还会使人的记忆力和反应能力下降。

孩子虽然处于长身体的阶段，但并非吃得越多越好。这里，和大家分享一些防止孩子暴饮暴食的方法。

1. 父母应做规律饮食的榜样

有些父母常常三餐不规律，有一顿无一顿或饥一顿饱一顿，和孩子一起进餐时，有时也会“馋相毕露”。父母是孩子的第一任老师，父母怎么做，孩子就会模仿，因此，要纠正孩子暴饮暴食的坏习惯，应从父母做起。

2. 坚持良好饮食方面的教育

孩子的暴饮暴食往往和父母对其饮食方式上的溺爱、娇纵有关，父母要忍心对贪吃的孩子说“不”，科学合理地安排引发孩子不良饮食习惯的食物，同时通过多种教育方式，让孩子了解暴饮暴食对身体是有害的。

3. 科学合理地安排孩子的三餐

父母给孩子补充营养固然重要，但是凡事都要有度。孩子吃得过多对身体也不好，父母在为孩子安排三餐的时候，一定要营养均衡、全面，不可因为怕孩子吃不饱而一味让孩子多吃。

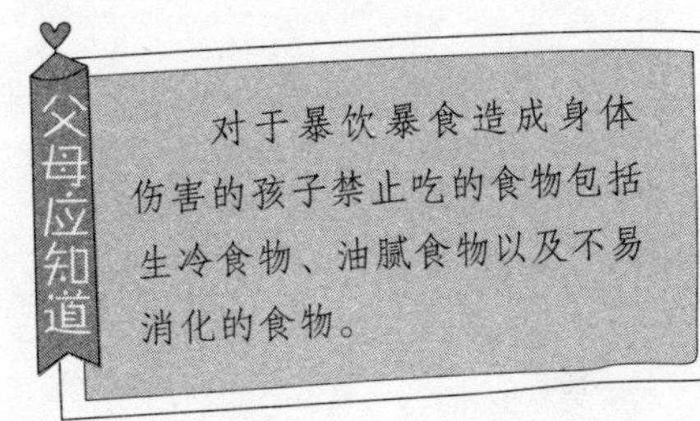

要坚持少食多餐。做法是将三餐的每一餐分量减少：早餐尽可能早一点吃；午餐不要吃太多；到了下午三点左右，吃个小点心；到了晚餐时间也不要吃太多，晚上八九点再吃一点简单的水果或点心，这样一天的食物也就可以比较均衡地分布在24小时当中了。

椰壳效应：让孩子爱上吃饭

妈妈对文文的吃饭问题很是头疼：

文文已经3周岁了，可是体重只有10千克，比同龄孩子要瘦很多，文文一到吃饭时间就说“妈妈我困了”。妈妈每天还不停地念叨：

“他怎么就不爱吃饭呢？每天变着花样都不行。”

“一吃饭就说不想吃，该怎么办呢？”

“吃一口米饭吧，不吃饭可不行。”

“文文，快来尝尝这个，给你做的你最爱吃的炒米饭，你以前不是最爱吃这个吗？乖，来吃一口。”

“再吃一口，就一口。”

“孩子就是不好好吃饭，有时真想把食物塞到他嘴里……”

孩子不好好吃饭时，父母要弄清孩子不好好吃饭的原因：肚子不饿，不想吃饭？妈妈做的饭菜不合口？孩子身体不舒服？受到干扰，觉得吃饭很无趣？然后，再针对孩子不吃饭的原因，解决孩子不好好吃饭的问题。这就用到了心理学中的“椰壳效应”。那么，什么是椰壳效应呢？

有一个孩子很不喜欢吃饭，父母为此伤透了脑筋。一次，孩子的父亲带回了一个新颖别致的椰壳。孩子看到椰壳后爱不释手，父亲就把椰壳锯成两半，给孩子当吃饭的饭碗。结果，孩子爱上了吃饭，问题迎刃而解。这一现象被称为“椰壳效应”。

只要父母找到正确的方法，孩子的厌烦心理就能迎刃而解。同样是吃饭，如果用孩子喜欢的椰壳当碗，他就能吃得高高兴兴，而用普通的饭碗，孩子就不爱吃饭。椰壳效应的妙处就在于变“要孩子吃饭”为“孩子要吃饭”。

在平时的生活中，当孩子不好好吃饭、挑食、厌食时，只要父母多花些心思，就能让孩子很快爱上吃饭。父母可以这样做：

（1）将家里常吃的白米饭换成由黑米、白米和小米组成的“混合饭”。

黑米含有的粗纤维相当于白米的3倍，仅1/4茶杯的黑米就包含约1克重的纤维。计算孩子每日纤维需求量，即以他的年龄上加5。例如，一个2岁的孩子，他的纤维需求量为7克。另外，由于主食的色彩丰富，更能吸引孩子的注意力，刺激食欲。

（2）很多孩子都不喜欢那些闻着有“怪味”、表面有粗糙纹路，或者看上去颜色深绿的蔬菜。父母可以偷偷地将蔬菜藏在孩子的比萨饼或汉堡包中，如将洋葱和菠菜等切成适合孩子咀嚼的小块，在加番茄酱和乳酪之前先将它们撒在饼上。孩子们不会尝出有何不同，更不会拒绝和抱怨它。

（3）如果孩子不喜欢蔬菜汤，那么，父母可以尝试着去做一款美味健康、冰爽可口的水果汤。选择3种不同颜色的水果，将水果切成小块后煮烂过滤，然后把水果汤放在冰箱中冷藏。水果和蔬菜中包含着许多相同的营养元素，比如维生素A和维生素C，而水果汤的香甜更能吸引孩子。

（4）购买孩了喜爱的餐具。现在的餐具款式很多，而日设计精美。有孩子喜欢的卡通图案，也有孩子喜欢的特有形状等。父母可以帮孩子购买一套孩子自己喜欢的餐具，也可以带着孩子一起去选购，这样可以提高孩子吃饭的欲望。

第九章　因势利导，挖掘孩子逆反心理中的积极潜能

心理研究和教育实践表明，逆反心理虽有妨害儿童身心发展的一面，但也蕴含着很多积极的因素。父母要因势利导，悉心挖掘孩子逆反心理中的积极潜能。

孩子喜欢搞破坏：探索与发现心理要呵护

有些爸爸妈妈经常抱怨，孩子在家总喜欢搞破坏，玩具经常会被孩子拆成好几节，绘本经常会被撕坏，真的不知道该拿孩子怎么办才好了。

轩轩特别爱破坏东西，简直就是一个“破坏大王”，为此妈妈很头疼。前几天，妈妈去商场的时候，顺便给轩轩买了个遥控机器人。轩轩感到特别好奇：为什么一按遥控机器人就会动呢？按捺不住好奇心的轩轩终于在妈妈不注意的时候，把机器人的零件都拆掉了。可是他还是没有弄明白为什么遥控可以让机器人直走、转弯，更可怜的是，由于机器人的零件比较复杂，轩轩能拆开，却组装不上了。妈妈看到轩轩把机器人拆掉了，特别生气，恶狠狠地对轩轩说：“你怎么什么都要拆，太调皮了，以后再也不给你买玩具了！”轩轩又委屈又羞愧地把自己关在房间一上午。

过了一周，爸爸又给轩轩买了一个机器人，可是轩轩再也不喜欢了，他把机器人放在角落里，连包装都没兴趣拆开。

案例中的轩轩把机器人拆开，是想弄明白为什么遥控可以让机器人按指令动。轩轩只是沉浸在自己喜欢的事物里，努力通过自己的“小破坏”去寻找自己想要探索的答案。

其实，孩子把自己感兴趣的东西拆开“搞破坏”，是热爱探索与发现的一种表现。他不是故意去破坏东西，而是对新事物感兴趣，想了解究竟是怎么回事。这是值得父母鼓励的一种行为，父母不要过分紧张，也不要轻易地打骂孩子，否则，父母的批评和威胁很可能会扼杀孩子可贵的探索精神。

苏霍姆林斯基认为：儿童的智慧在他的手指上。孩子有了动手能力，他就获得了探究解决问题的方法，形成了良好的思维方法和思维素质，为他们的终身学习和发展奠定了良好的基础。因此，对于孩子的这种破坏行为，父母应在满足孩子探索心理的同时，帮助孩子挖掘自身的潜能和优势。

首先，父母要持宽容的态度。我国著名的儿童教育家陈鹤琴老先生说：“给孩子一片‘破坏’的天空吧，小孩爱‘破坏’，失去的只是可估量的价值，而得到的却是小孩一生受之不尽的无穷财富——思考、创造和智慧。”面对孩子的破坏行为，父母应持相对宽容的态度，因为孩子的好奇和探索心理是获取知识、探索世界的重要条件，只有这样才能让孩子学到更多的知识。

父母应知道

孩子爱“搞破坏”的八种心理类型：一是好心办了坏事，二是感到有趣，三是发泄心里的不满，四是满足个人需求，五是盲目模仿心理，六是嫉妒心理，七是报复心理，八是好奇心理。

其次，父母要尽可能地参与进来，并耐心引导孩子这种带有探索性的“破坏行为”。

壮壮从小就不喜欢汽车等带有男孩标志的玩具，而只对搭积木着迷。他会把别的同学盖的“高楼”一下推倒，然后再帮人家“设计”一座“宫殿”；他还会把家里的箱子挖个洞，给他的小猫当房子……

对于壮壮的这些破坏行为，妈妈并没有严厉地批评，而是一点点地引导：经常有意识地带孩子去参观各种风格的建筑，并一一给孩子进行讲解；或跟孩子一起玩搭积木游戏，并比赛看谁搭得又快又别具风格。这些正是壮壮所喜欢的。在妈妈的支持和引导下，壮壮渐渐地对那些

“建筑”着了迷。从此，研究“建筑”便成了壮壮的业余爱好。

孩子的这种破坏行为背后往往隐藏着很多天赋，父母应多观察、善于发现孩子的某些优势，并耐心引导孩子的这种行为，挖掘孩子的潜能，为他以后的发展打下坚实的基础。

孩子喜欢乱涂乱画：不要破坏孩子的想象力

很多时候，我们经常听到父母发出这样的疑问：“孩子总喜欢乱涂乱画，都看不懂他画的是什么，表达的是什么意思！”比如，下面案例中的仔仔就是这个样子。

3岁半的仔仔喜欢拿着笔在白纸上涂涂画画。这不，今天仔仔又在纸上画了许多线条，有短有长，有粗有细，随意地堆在一起。妈妈看不明白，便忍不住问：“你画的这些是什么呀？能告诉妈妈吗？”“这是我的大汽车，我们一家人住在汽车里，它长着一双翅膀，可以飞起来；要是想散步，它可以把脚从汽车里伸出来，慢慢地走；这是汽车的嘴巴，它要吃好多好多的饭，它吃饱了，我们就不用吃饭了。”

“汽车飞起来能解释得通，”妈妈不以为然地说，“可为什么汽车要有脚？四个轮子不是跑得更快吗？汽车可以吃饭，我们人不吃饭，那不要饿死吗？你画的这个是什么？”妈妈指着画上像鲨鱼一样的东西。

“那是我们的宠物啊，它专门吃河里的垃圾。”

“鲨鱼还能当宠物？”妈妈笑了，“帮你吃河里的垃圾？那它吃了会不会肚子疼啊？”

“不会的，你看它嘴里长着长长的尖牙，几下就能把垃圾嚼碎的。”

妈妈不屑于跟仔仔争论有关环境污染和鲨鱼生病的问题，又指着画的上方问：“这太阳上绑绳子是为什么？”

“这绳子一头连着太阳，一头连着我们的大汽车，汽车跑起来，太阳也会跟着跑起来，就像电风扇一样。不过，太阳风是热的，可以煮开水，还可以取暖。”仔仔很得意地说。

妈妈一听几乎笑出来：“你也太异想天开了吧？而且你画得都不像啊！”

仔仔噘起小嘴不开心地说：“哼，我不理妈妈了。”

案例中的妈妈的做法是不正确的。孩子眼中的世界跟大人眼中的世界是完全不一样的，孩子的视野是感性的、灵动的、随性的、跳跃的，因此，他的想象也是天马行空的。父母要用鼓励的态度让孩子自由发挥想象力，而不是用已有的知识禁锢孩子的思想。

孩子喜欢乱涂乱画，尽管大人不能看懂其中的意思，也千万不要以为孩子看似杂乱的画是完全无意义的，其实一个三角形或许就是他们眼中的小鸟、小乌龟，甚至是爸爸妈妈，只是这些想象大人可能根本无法理解。这种乱涂乱画的行为可能不仅仅是简单地描绘某个事物或场景，而是孩子表达内在想法和感情的另一种途径。

对于孩子的“艺术创作”，不管孩子画得像不像，父母都不应该自以为是地去指指点点，对孩子说“你画的一点儿都不像”这类的话。而应该成为孩子艺术作品的欣赏者，鼓励孩子插上想象的翅膀，在艺术的世界中自由地飞翔。

父母应知道

要知道，孩子的画是用来听的，不是用来看的。孩子每幅画都有自己独特的想法，当我们看不懂时，应该先聆听孩子每个创意背后的故事，才能看懂孩子每一笔画想要传达的内容。否则，就会破坏孩子的想象力，阻碍孩子绘画能力的发展。

“我不吃，就不吃”：孩子自我意识的觉醒

“我不吃！就不吃！”孩子吃饭时拒绝得很干脆，这其实是孩子自我意识的觉醒。也许他是真的不想吃，还可能是并不想现在吃，又或者是在赌气，可不管是哪一种原因，在大人那里都会被理解为“孩子不听话、任性、不服管教”。

自我意识是个体对自己的身心状况，以及自己与别人和周围世界关系的认识。自我意识包括以下三点：

（1）自我认识——认知成分，包括自我感觉、自我观察、自我观念、自我分析和自我评价。

（2）自我体验——情感成分，包括自信、自卑、自尊、自满、内疚、羞耻等。

（3）自我调控——意志成分，包括自我监督、自我控制、自我完善等。

人类的自我意识是从什么时候开始出现的？心理学家做了这样的

实验：孩子熟睡时，往孩子的鼻子上抹上胭脂，孩子醒来后，让他照镜子。结果发现：有些15个月大的孩子会看着镜子，摸自己抹了胭脂的鼻子；但大部分孩子要在21个月以后才出现这种行为。于是，心理学家得出结论：孩子的自我意识，大约在1岁8个月左右时形成。

两岁以后的孩子，渐渐能够懂得“我、你、他”这些人称代词，在生活中掌握了物主代词“我的”和人称代词“我”，由此实现了自我意识发展的又一次飞跃，标志着他们自我意识的正式形成。

两三岁的孩子往往开始表示自己的主张，当大人提出一些要求时，孩子并不听从，经常说“我不……”，行为上表现出“爱做事、闹独立”等特点。

孩子自我意识能否得到很好的发展，对孩子今后的学习、生活有着很大的影响，因此，平时父母要懂得培养孩子正确的自我意识。

1. 引导孩子学习正视自己

父母要在合适的时候帮助孩子正视自己的问题，并帮他及时改正。孩子只要能够逐渐正视自己，就会拥有积极的成长动力。

2. 教会孩子认清自己

周围的人对孩子言过其实的表扬或过分的指责，会使孩子形成不切实际的自我认识。时间长了，孩子就失去了基本的辨别是非的能力和正确的自我意识。

父母要经常鼓励孩子参加各式各样的活动，多跟朋友玩耍、交流。在这

个过程中，孩子会发现自己的能力，也会发现自己与别人的不同。

3. 培养孩子的自我评价能力，发展自我

研究表明：我国儿童形成自我评价能力的年龄为3～4岁。4岁的孩子开始有一定的自我评价能力，能够根据一定的行为规则来评价自己。5～6岁的儿童绝大多数已经能够进行自我评价。自我评价是自我意识的核心，它对于儿童道德品质的形成、道德行为的培养是极为重要的。

父母应当为孩子创设自我评价的情境，促进孩子自我评价能力的发展。孩子的自我评价能力最初是根据成人对他的评价而形成的。因此，父母对孩子的评价应当比孩子的实际情况略高一点，使孩子经过努力可以达到，这样有利于培养孩子的自尊心和自信心，使孩子能够用积极的、向上的要求来提升自己。

父母应知道

孩子在小学时期的自我意识发展是随着年龄的增长从低水平向高水平发展的。在整个小学时期，孩子自我意识的不断发展，不是直线的、等速的，而是既有上升时期，也有平稳发展的时期。

“我的我的，都是我的”：培养孩子物权归属意识

“我的我的，都是我的”“妈妈是我的，爸爸也是我的”……很多时候我们会听到孩子这样的表达，总是护着自己的东西不放手。下面案例中的小男孩就是这样。

磊磊的妈妈抱着自己的儿子在外面散步，走到小区广场时，一群小孩子在那边玩耍。磊磊的妈妈走过去，把儿子放下来。磊磊被身边一闪一闪的小电动车吸引了，他摇摇晃晃地走过去试图要摸一摸。这时，一名小男孩跑了过来，立马把磊磊的手挪开，说：“不许碰我的车，这是我的！”磊磊一愣，转身摇摇晃晃地走了回来。

这时，小男孩的妈妈在一旁，训斥道：“怎么那么小气！你这样很自私！让小弟弟玩一下怎么了。”可小男孩就是不放手，不让别人玩，还一直打着妈妈说：“这是我的，我的！”

当孩子说“这是我的，我的”之类的话时，父母不要强加责备，把孩子看成是一个自私、不懂分享的人。因为这个阶段的孩子已经进入物权归属意识的敏感期，懂得有些东西是属于自己的，并且开始知道保护自己的东西。

在谈孩子“物权归属意识”这一问题时，父母首先要知道“物权”的概念。所谓“物权”，是指拥有自尊自主的意识，懂得珍惜自己的物品，维护自己的权利，尊重别人的物品。虽然这个阶段不会持续太久，但很关键。如果孩子在很小就能够树立好的物权归属意识，将来会促进孩子在方方面面的有益发展。

因此，在遇到别的小朋友来访或者玩耍时，或遇到邻居家的孩子索要食物或者玩具时，父母不要总是强迫孩子分享，让孩子感到恐惧和痛苦。在让孩子分享之前，一定要征求孩子的同意。如果孩子不同意，父母要尊重孩子的意愿，告诉另一方“很抱歉，孩子不同意”，切忌为了显示大方而替孩子做主，把玩具交给他人，或者命令孩子跟别的小朋友“一起玩儿”。否则，容易让孩子的“物权观”产生混乱。

如果孩子没有物权归属意识，他们很可能将自己的东西随意地送人，或随意地拿别人的东西，严重的甚至会有偷窃行为。因此，当孩子进入物权意识的敏感期时，父母要管理好自己的情绪，抓住良机，循序渐进地培养好孩子的物权归属意识。

1. 要允许孩子“自私”

两岁多的孩子进入物权意识的敏感期，父母千万不要认为孩子自私、小气，非要想办法把他的习惯改掉不可，而应该借机进行物权归属的练习，通过对物权的确认，来让孩子认知他与物品的关系。等到孩子三周岁的时候，父母再慢慢引导孩子学会分享自己的物品。

2. 制定必要的行事规则

让孩子懂得“凡事要商量”，想要什么东西的时候，在拿起来之前，要先询问父母可不可以。父母应该鼓励孩子和父母商量“要什么”，但不必满足孩子的所有要求。父母一旦答应孩子的要求，就一定要兑现承诺。

当孩子表现好时，父母应适时地给予孩子赞美和奖励；当孩子出现偷拿别人东西的行为时，父母一定要要求孩子将偷拿的东西亲自归还，并给予一些额外的处罚。

3. 别用强迫分享的方式引逗孩子

处在强烈的物权意识确认期的孩子特别敏感，大人千万不要去逗引他，强抢孩子手中的东西，让他哇哇大哭，然后说他小气。

4. 适时引导孩子懂得分享

经过三四个月物权意识敏感期后，父母可以寻找机会，提醒孩子要懂得分享。父母可以这样说：“小朋友把玩具分给你玩，你高兴吗？”当他点头时，再告诉他“把你的玩具分给别人玩，他们也会很高兴”。就此打住，别马上强迫孩子。如此反复几次之后，让他尝试把玩具分给别

的小朋友，通过练习，他知道玩具是属于他的，分给别人玩之后还是能要回来的，而且和别人分享大家都快乐，这样他就慢慢愿意分享了。

当孩子懂得分享之后，父母要及时给予表扬和鼓励，以强化孩子的分享行为，使其逐步养成分享的习惯。

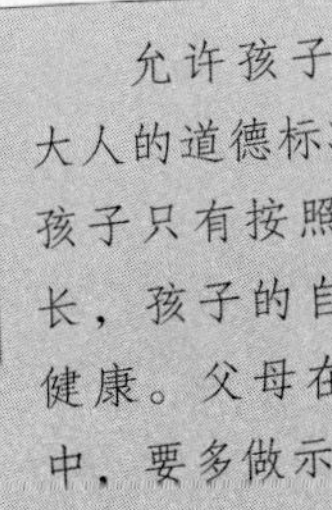

允许孩子自我发展，不要拿大人的道德标准去要求孩子。一个孩子只有按照他的成长规律去成长，孩子的自我人格和心理才能健康。父母在教孩子分享的过程中，要多做示范、少强迫，这样孩子在父母行为的潜移默化中慢慢就会乐于分享。

标签效应：不随意否定孩子

简·埃利奥特是美国艾奥瓦州的一名小学老师，她曾经策划了一场经典的“标签实验”。

埃利奥特把班里的孩子按照眼睛颜色分成两组：一组为蓝眼睛组，一组为棕眼睛组。

第一天，埃利奥特给两组孩子贴标签，她正式地告诉孩子们：“棕眼睛的是优秀的孩子，蓝眼睛的是愚蠢的孩子。”接着，她规定这两组孩子要分开玩，并强制蓝眼睛的孩子坐在教室后面，还让他们必须佩戴丑陋的衣领。与蓝眼睛的孩子相比，棕眼睛的孩子有更好的待遇，比如能享有更多的课间休息时间等。

给这两组孩子贴完标签后，他们接下来的变化让所有老师感到很震惊：蓝眼睛组孩子的神情由一开始的愤怒、悲伤转为萎靡，大部分孩子的自我意识发生了变化，认为自己愚蠢和平庸。其中一位蓝眼睛的男孩私底下跟老师说："感觉所有不好的事情都发生在我身上了，放学后，我不仅被售货员骂，自己还丢了5美元，回到家后还被妈妈罚站……所有这些迹象表明，我真的很愚蠢！"

第二天，埃利奥特给这两组孩子调换了"标签"，她走进教室，大声跟孩子们说她搞错了，应该是蓝眼睛的孩子聪明，棕眼睛的孩子愚蠢，两组孩子的待遇也跟着对换过来。这一天，棕眼睛的孩子感到很沮丧和自卑，蓝眼睛的孩子心情大好，并觉得自己很聪明。

这就是心理学中的"标签效应"。标签效应是指当一个人被一种词语名称贴上标签时，他就会做出自我印象管理，使自己的行为与所贴的标签内容相一致。

孩子的成长离不开后天环境的复杂影响。在种种影响因素中，社会评价和心理暗示的作用对孩子的影响非常大。夸孩子、损孩子，是当前儿童教育中典型的贴标签行为。美国心理学家贝克尔说："人们一旦被贴上某种标签，就会成为标签所标定的人。"比如，当外界给他贴上"自私"的标签时，他就会变得越来越自私；当外界给他贴上"胆小"的标签时，他就会变得越来越胆小。

心理学认为，之所以会出现标签效应，主要是因为"标签"具有定性导向的作用，无论是好是坏，它对一个人的个性意识的自我认同都有强烈的影响。给一个人贴标签的结果，往往是使其向标签所喻示的方向发展。

因此，如果父母能够好好利用标签效应，孩子就会健康成长，成为一个优秀的人。

1. 父母不要随意否定孩子

父母平时不要随随便便就给孩子贴上各种各样的负面标签，比如“你不行”“做不好”“就知道玩”等。因为这些标签会严重打击孩子的自尊心和自信心，从而在孩子的潜意识中形成“我不行”的心理暗示。当孩子不断受到来自父母负面标签的打压时，内心就会因为极度的不自信而产生悲观情绪，从而导致孩子以后一遇到困难，就觉得“我不行”“我做不好”。

2. 父母要给孩子正面的鼓励

父母要从各方面去观察，用“放大镜”尽力找出孩子的闪光点，时刻看到孩子的进步，用“正面标签”去鼓励孩子发扬优点。比如，爸爸想批评胆小怯懦、学习成绩不好的孩子时，可以给孩子贴上“勇敢”“学习努力”的正面标签，这样孩子就会因为爸爸的夸赞而高兴，进而为了自己的“名誉”而表现得勇敢，更加努力学习。

因此，父母尽量去夸赞孩子吧。对于孩子的一些错误行为，父母需要及时纠正，但要注意纠正方法。

别和逆反的孩子过不去

孩子逆反并不是什么大问题，每个人都有逆反的倾向。对于一个人的成长，它不过是暂时的，而且只有经历过这段痛苦，孩子才会慢慢成熟，慢慢长大，成为一个独立的个体。

孩子逆反是因为随着年龄的增长，孩子的身心发生了巨大的变化，他们逐渐渴望被成人的世界认同，渴望通过逆反的行为来向世界昭示自己已经长大了，再也不是父母操纵的“棋子”了。孩子的这种逆反心理就像一颗萌芽的种子，在孩子的身体深处生根发芽，这个时候父母要关心、理解孩子，用“人性本善”的态度对待孩子。

通常，很多父母都会承认孩子出现逆反心理是必经的阶段，就好像毛毛虫不经过破茧而出，就无法变成美丽的蝴蝶。然而，对待逆反的孩子，大多数父母并不能像对待毛毛虫那样宽容，期待成长，反而觉得万分紧张，生怕这种逆反会打破他们的权威和秩序，于是，经常有“面对逆反的孩子该怎么办”的烦恼。

其实，所有的逆反都来自对束缚和限制的反抗。父母在指控孩子逆反的同时，也暴露了孩子逆反的根源——父母不当的教育方式。正是这种看似温柔无形的束缚，让正在成长中的孩子无所适从。因此，父母在指责孩子逆反的同时，也要时刻反省自己。

父母应该给孩子足够的空间和足够的理解，而不是通过高高在上的“权威”来迫使孩子听话。面对逆反的孩子，父母必须尊重孩子，只有这样父母才能真正地了解自己的孩子，才是解决“面对逆反的孩子该怎么办”这个问题的关键。在孩子的成长过程中，他的有些行为也许不符合父母的某些要求，但那并不代表他不听话。

孩子有了独立的想法，渴望摆脱父母，其实也是父母教育孩子的一个良好的时机：逆反心理是孩子成长的动力和活力，其中蕴藏着创新思维，可以促进人格独立。因此，作为父母，别和逆反的孩子过不去，要正确对待和引导自己的孩子，这样，孩子将来才能成为一个优秀的人。